대바늘
손뜨개 무늬집
Knitting

임현지 저

예신 Books

fashion hand kni pattern

머리말

이전에 펴낸 '패션 손뜨개 무늬집' 시리즈는 대바늘과 코바늘 그리고 에칭에 이르기까지 방대한 분량의 무늬들을 스타일별로 나누어 구성하였다.

이 책은 '패션 손뜨개 무늬집' 중 제8권으로 기존에 펴낸 무늬와 새로운 무늬의 대바늘 뜨기만을 모음집으로 구성하였다.

기존 무늬집은 새로운 무늬 위주로 작업을 했지만, 이번 무늬집은 시리즈 무늬집의 대바늘 종합편으로 기존에 펴냈어도 앞으로도 활용도가 높은 무늬와 새로운 무늬를 선정해 구성하였다. 새 무늬를 찾아 샘플링 작업을 하는 데 몇 배의 힘이 들었지만 새로운 것을 만든다는 자부심에 힘을 얻고 열심히 만들었다.

이 무늬집을 보고 나면 흔한 무늬들이라고 하는 독자도 있을 것이고, 새로운 무늬라고 하는 독자도 있겠지만, 무늬집을 준비하면서 여러 가시 도안과 패턴들을 작업해 보니 같은 무늬도 한 단, 한 코, 실의 굵기와 종류, 색상을 어떻게 쓰느냐에 따라 새로운 무늬가 나올 수 있다는 것을 알게 되었다. 독자들도 이 책을 참고하여 여러 가지 방법으로 응용할 수 있게 되길 바라며, 특히 새롭고 독특한 무늬를 찾는 분들에게 큰 도움이 되었으면 한다.

이 책이 나오기까지 도움을 주신 일진사 직원 여러분께 감사의 마음을 전한다.

임 현 지(jwy1266@hanmail.net)

fashion hand kni pattern

contents

머리말 · 3

대바늘 뜨기 코 기호 · · · · · · · · · · · · · · · 6

대바늘 뜨기 방법 · · · · · · · · · · · · · · · · · · 8

손뜨개 기본도구 · · · · · · · · · · · · · · · · · · · 17

대바늘 무늬뜨기 · · · · · · · · · · · · · · · · · · · 18

무늬뜨기 활용 패션 · · · · · · · · · · · · · · · · 132

무늬뜨기 활용 소품 · · · · · · · · · · · · · · · · 144

대바늘 뜨기 코 기호

기호	설명	기호	설명
|	겉뜨기	∨3 = |–|	1코를 3코로 만들기
—	안뜨기	↑(3코 3단)	3코 3단 방울뜨기
○	걸기코	↑(3코 5단)	3코 5단 방울뜨기
ℓ	돌려뜨기	1길 긴뜨기 2코 방울뜨기	1길 긴뜨기 2코 방울뜨기
⅄	오른코겹치기	ℚℚℚ2	2번 감아 드라이브뜨기
⅄	왼코겹치기	✕	오른쪽 위 1코 교차
⅄	안뜨기하며 오른코 겹치기	✕	왼쪽 위 1코 교차
⅄	안뜨기하며 왼코 겹치기	✕	오른쪽 위 1코 교차 (아래코 안뜨기)
↑	중심 3코 모아뜨기	✕	왼쪽 위 1코 교차 (아래코 안뜨기)
↑	오른코 겹쳐 3코 모아뜨기	✕	오른쪽 위 돌려 1코 교차
↑	왼코 겹쳐 3코 모아뜨기	✕	왼쪽 위 돌려 1코 교차
∨3 = |○|	1코를 3코로 만들기	✕	오른쪽 위 돌려 1코 교차 (아래코 안뜨기)

	왼쪽 위 돌려 1코 교차 (아래코 안뜨기)		1단 넘긴코
	오른쪽 위 1코와 2코 교차		안뜨기 4단 넘긴코
	왼쪽 위 1코와 2코 교차		2단 끌어올린코
	사이 1코 건너 왼쪽 위 1코 교차		안뜨기 2단 끌어올린코
	오른쪽 위 2코 교차		바늘에 2회 실감아뜨기
	왼쪽 위 2코 교차		왼코 중심 3코 모은 후 3코 만들어뜨기
	사이안뜨기 2코 건너 왼쪽 위 1코 교차		오른코로 2코 덮어뜨기
	사이 3코 건너 오른쪽 위 1코 교차		왼고로 2고 덮이뜨기
	왼쪽 위 3코 교차		오른코로 1코 덮어뜨기
	오른쪽 코에 펜 노트		왼코로 1코 덮어뜨기
	왼쪽 코에 펜 노트		

대바늘 뜨기 방법

1					
	겉뜨기	❶ 실을 건너편에 두고 오른쪽 바늘을 왼쪽에 넣는다.	❷ 오른쪽 바늘에 실을 걸어 화살표와 같이 앞쪽으로 빼낸다.	❸ 오른쪽 바늘에 고리가 걸려나오면 왼쪽 바늘을 빼낸다.	❹ 겉뜨기가 완성된다.
2					
	안뜨기	❶ 실을 앞쪽에 두고 오른쪽 바늘을 화살표와 같이 왼쪽에 넣는다.	❷ 그림과 같이 실을 걸어서 반대쪽으로 빼낸다.	❸ 오른쪽 바늘에 고리가 걸리면 왼쪽 바늘을 빼낸다.	❹ 안뜨기가 완성된다.
3					
	걸기코	❶ 그림과 같이 오른쪽 바늘에 실을 걸어 왼쪽에 화살표 방향으로 넣는다.	❷ 다음 코에 앞쪽부터 바늘을 넣어 보통으로 뜬다.	❸ 다음 단을 뜬다. 걸기코가 완성된다.	
4					
	돌려뜨기	❶ 오른쪽 바늘을 화살표와 같이 건너편 쪽에서 왼쪽 바늘 아래로 넣는다.	❷ 오른쪽 바늘에 실을 걸어서 화살표와 같이 앞쪽으로 뺀다.	❸ 빼낸 고리 아래코의 뿌리가 돌려진다.	❹ 뜬코와 아래코가 돌려져 돌려뜨기가 완성된다.
5					
	오른코 겹치기	❶ 오른코에 앞쪽부터 바늘을 넣어서 뜨지 않은 바늘로 이동한다.	❷ 왼코에 바늘을 넣어서 실을 빼내고 겉코를 뜬다.	❸ 먼저 이동한 코에 왼쪽 바늘을 넣어 뜬 코에 덮어 씌운다.	❹ 오른코 겹치기가 완성된다.

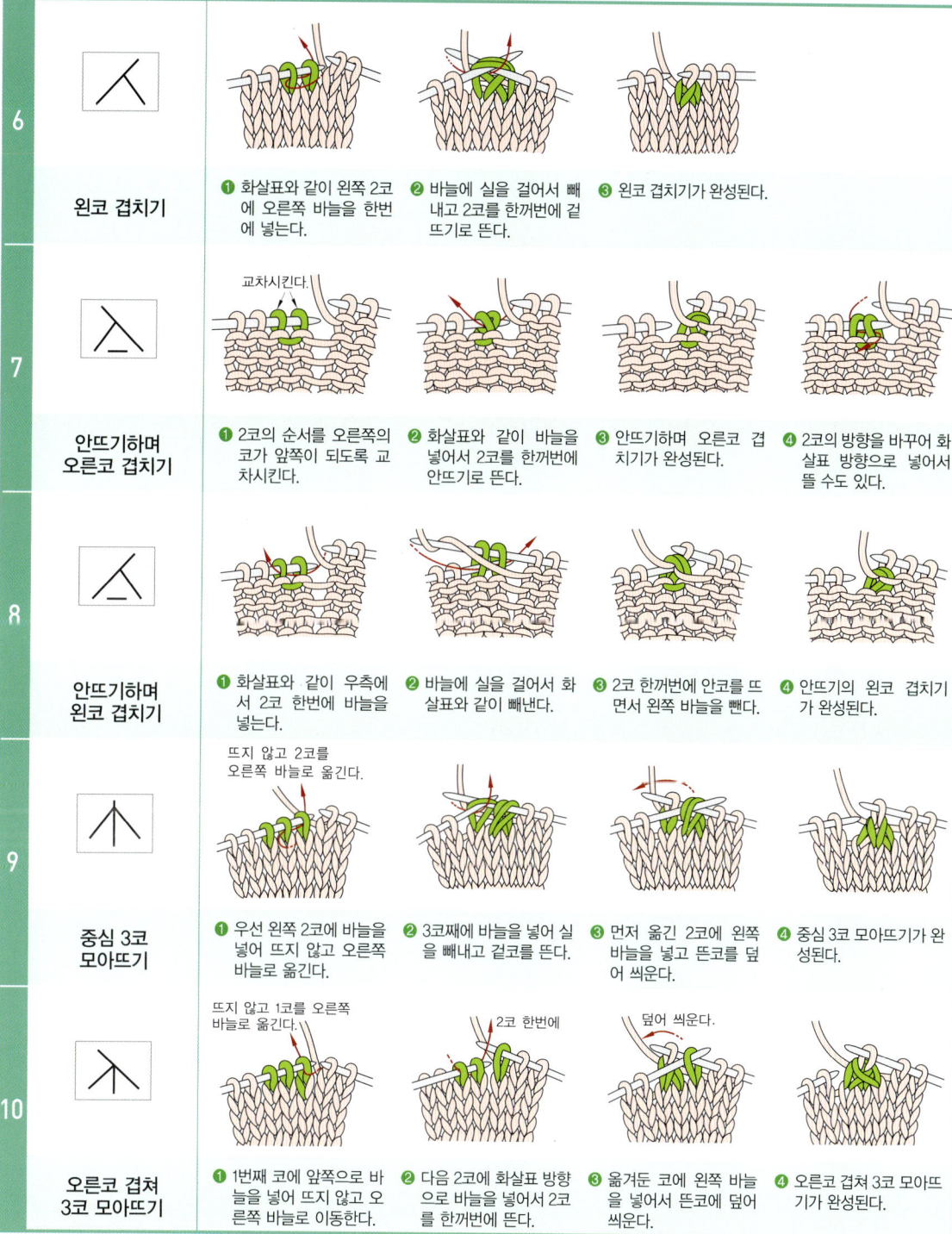

6	왼코 겹치기	❶ 화살표와 같이 왼쪽 2코에 오른쪽 바늘을 한번에 넣는다.	❷ 바늘에 실을 걸어서 빼내고 2코를 한꺼번에 걸뜨기로 뜬다.	❸ 왼코 겹치기가 완성된다.	
7	안뜨기하며 오른코 겹치기	❶ 2코의 순서를 오른쪽의 코가 앞쪽이 되도록 교차시킨다.	❷ 화살표와 같이 바늘을 넣어서 2코를 한꺼번에 안뜨기로 뜬다.	❸ 안뜨기하며 오른코 겹치기가 완성된다.	❹ 2코의 방향을 바꾸어 화살표 방향으로 넣어서 뜰 수도 있다.
8	안뜨기하며 왼코 겹치기	❶ 화살표와 같이 우측에서 2코 한번에 바늘을 넣는다.	❷ 바늘에 실을 걸어서 화살표와 같이 빼낸다.	❸ 2코 한꺼번에 안코를 뜨면서 왼쪽 바늘을 뺀다.	❹ 안뜨기의 왼코 겹치기가 완성된다.
9	중심 3코 모아뜨기	❶ 우선 왼쪽 2코에 바늘을 넣어 뜨지 않고 오른쪽 바늘로 옮긴다.	❷ 3코째에 바늘을 넣어 실을 빼내고 겉코를 뜬다.	❸ 먼저 옮긴 2코에 왼쪽 바늘을 넣고 뜬코를 덮어 씌운다.	❹ 중심 3코 모아뜨기가 완성된다.
10	오른코 겹쳐 3코 모아뜨기	❶ 1번째 코에 앞쪽으로 바늘을 넣어 뜨지 않고 오른쪽 바늘로 이동한다.	❷ 다음 2코에 화살표 방향으로 바늘을 넣어서 2코를 한꺼번에 뜬다.	❸ 옮겨둔 코에 왼쪽 바늘을 넣어서 뜬코에 덮어 씌운다.	❹ 오른코 겹쳐 3코 모아뜨기가 완성된다.

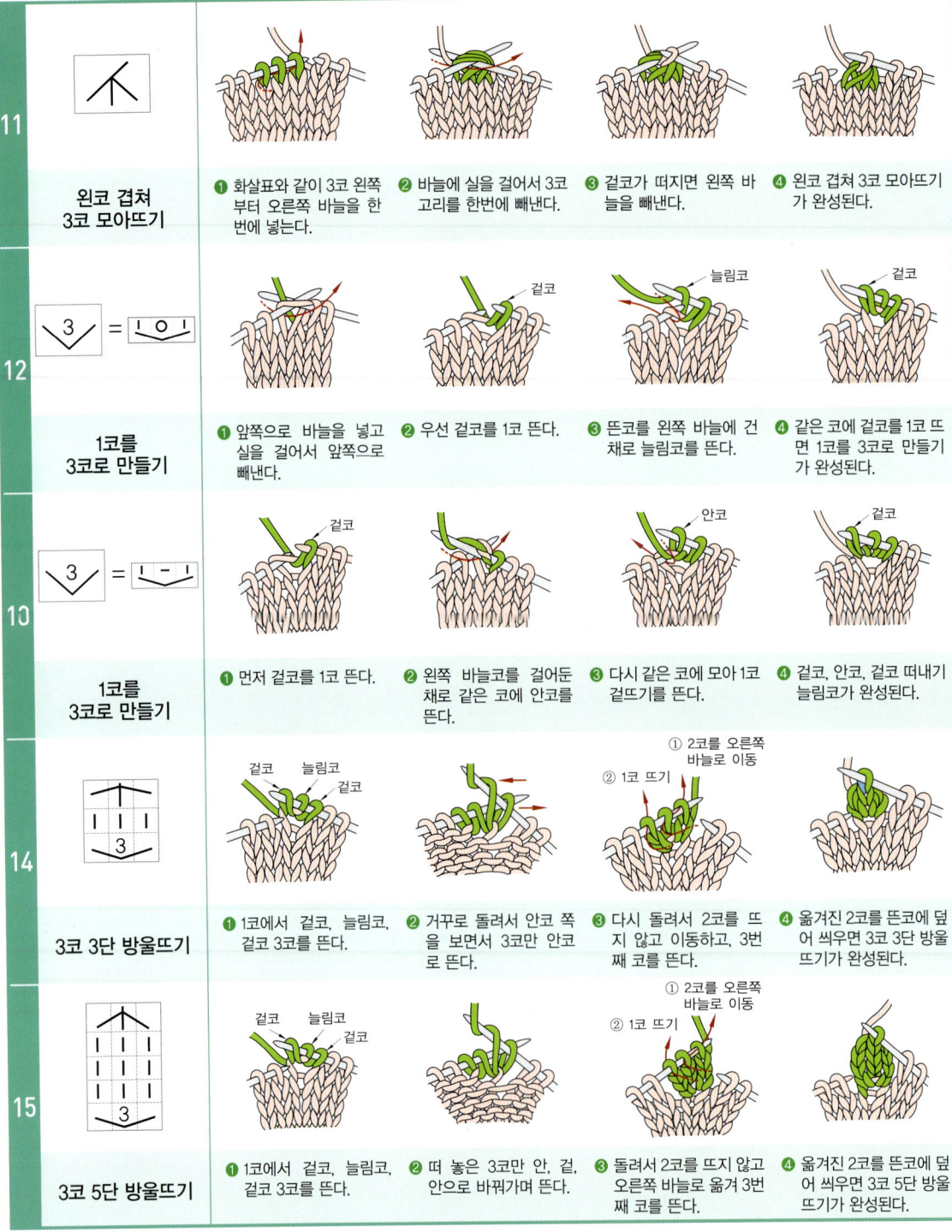

11

윈코 겹쳐
3코 모아뜨기

❶ 화살표와 같이 3코 왼쪽
부터 오른쪽 바늘을 한
번에 넣는다.

❷ 바늘에 실을 걸어서 3코
고리를 한번에 빼낸다.

❸ 겉코가 떠지면 왼쪽 바
늘을 빼낸다.

❹ 윈코 겹쳐 3코 모아뜨기
가 완성된다.

12

1코를
3코로 만들기

❶ 앞쪽으로 바늘을 넣고
실을 걸어서 앞쪽으로
빼낸다.

❷ 우선 겉코를 1코 뜬다.

❸ 뜬코를 왼쪽 바늘에 건
채로 늘림코를 뜬다.

❹ 같은 코에 겉코를 1코 뜨
면 1코를 3코로 만들기
가 완성된다.

10

1코를
3코로 만들기

❶ 먼저 겉코를 1코 뜬다.

❷ 왼쪽 바늘코를 걸어둔
채로 같은 코에 안코를
뜬다.

❸ 다시 같은 코에 모아 1코
겉뜨기를 뜬다.

❹ 겉코, 안코, 겉코 떠내기
늘림코가 완성된다.

14

3코 3단 방울뜨기

❶ 1코에서 겉코, 늘림코,
겉코 3코를 뜬다.

❷ 거꾸로 돌려서 안코 쪽
을 보면서 3코만 안코
로 뜬다.

❸ 다시 돌려서 2코를 뜨
지 않고 이동하고, 3번
째 코를 뜬다.

❹ 옮겨진 2코를 뜬코에 덮
어 씌우면 3코 3단 방울
뜨기가 완성된다.

15

3코 5단 방울뜨기

❶ 1코에서 겉코, 늘림코,
겉코 3코를 뜬다.

❷ 떠 놓은 3코만 안, 겉,
안으로 바꿔가며 뜬다.

❸ 돌려서 2코를 뜨지 않고
오른쪽 바늘로 옮겨 3번
째 코를 뜬다.

❹ 옮겨진 2코를 뜬코에 덮
어 씌우면 3코 5단 방울
뜨기가 완성된다.

16	1길 긴뜨기 2코 방울뜨기	❶ 코바늘을 사용하여 사슬을 3코 떠서 화살표 위치에 바늘을 넣는다.	❷ 실을 걸어 빼내고, 다시 한 번 걸어서 고리 2개만 빼낸다.	❸ 한 번 더 반복하여 미완성된 1길 긴뜨기를 2코 뜨고 모든 코를 빼낸다.	❹ 코바늘에서 오른쪽 바늘로 옮기면 1길 긴뜨기 2코 방울뜨기가 완성된다.
17	두번 감아 드라이브뜨기	❶ 겉뜨기를 한 다음, 실을 바늘에 2번 감아 빼낸다.	❷ 다음 단을 뜰 때 감은 실을 풀면서 뜬다.	❸ 두번 감아 드라이브뜨기가 완성된다.	
18	오른쪽 위 1코 교차	❶ 오른코의 뒤쪽에서 왼코의 앞쪽으로 바늘을 넣는다.	❷ 실을 걸고 화살표와 같이 꺼내고, 겉뜨기를 한다.	❸ 왼코는 바늘에 걸어둔 채 오른코를 겉뜨기한다.	❹ 오른쪽 바늘로 2코를 옮기면 오른쪽 위 1코 교차뜨기가 완성된다.
19	왼쪽 위 1코 교차	❶ 화살표와 같이 왼코에 앞쪽으로 바늘을 넣는다.	❷ 왼코를 오른쪽으로 넘겨서 실을 걸어 겉코를 뜬다.	❸ 왼코는 바늘에 걸어둔 채 오른코를 겉코로 뜬다.	❹ 왼쪽 바늘을 빼내면 왼쪽 위 1코 교차뜨기가 완성된다.
20	오른쪽 위 1코 교차 (아래코 안뜨기)	❶ 오른코의 건너편에서 왼코에 바늘을 넣는다.	❷ 왼코를 오른쪽으로 넘겨서 실을 걸고 안코를 뜬다.	❸ 왼코는 바늘에 걸어둔 채 오른코를 겉코로 뜬다.	❹ 왼쪽 바늘에서 2코를 옮기면 오른쪽 위 1코 교차뜨기(아래코 안뜨기)가 완성된다.

		❶	❷	❸	❹
21	왼쪽 위 1코 교차 (아래코 안뜨기)	왼코에 화살표와 같이 앞 쪽으로 바늘을 넣는다.	왼코를 그림과 같이 오 른쪽으로 넘겨서 겉코 로 뜬다.	뜬코를 왼쪽 바늘에 걸 어둔 채 오른코를 안코 로 뜬다.	2코를 왼쪽 바늘에서 옮 기면 왼쪽 위 1코 교차(아 래코 안뜨기)가 완성된다.
22	오른쪽 위 돌려 1코 교차	오른코의 건너편 쪽에 서 왼코 앞으로 바늘을 넣는다.	화살표와 같이 실을 걸어서 빼내고 겉코 를 뜬다.	왼코를 걸어둔 채 오 른코를 돌린코로 뜬 다.	왼쪽 바늘에서 2코가 옮겨 가면 오른쪽 위 돌려 1코 교 차뜨기가 완성된다.
23	왼쪽 위 돌려 1코 교차	화살표와 같이 왼코에 앞쪽부터 돌리도록 넣 는다.	오른쪽에 넘겨진 실 을 빼내서 돌린코로 뜬다.	뜬코를 걸어둔 채 오 른코를 겉코로 뜬다.	왼쪽 바늘에서 2코가 옮겨 가면 왼쪽 위 돌려 1코 교차 뜨기가 완성된다.
24	오른쪽 위 돌려 1코 교차 (아래코 안뜨기)	실을 앞쪽으로 해서 화살 표와 같이 왼코의 건너편 에서부터 바늘을 넣는다.	오른쪽으로 넘겨진 실을 빼내서 돌린코 로 뜬다.	뜬코를 걸어둔 채 오 른쪽 코를 돌린코로 뜬다.	왼쪽 바늘에서 2코가 옮겨가 면 오른쪽 위 돌려 1코 교차 (아래코 안뜨기)가 완성된다.
25	왼쪽 위 돌려 1코 교차 (아래코 안뜨기)	왼코에 화살표와 같이 돌 리도록 바늘을 넣는다.	오른쪽으로 넘겨서 겉 코를 뜬다(돌린코가 되 도록).	뜬코를 왼쪽 바늘에 걸어둔 채 오른코를 안코로 뜬다.	2코를 왼쪽 바늘에서 옮기면 왼쪽 위 돌려 1코 교차(아래 코 안뜨기)가 완성된다.

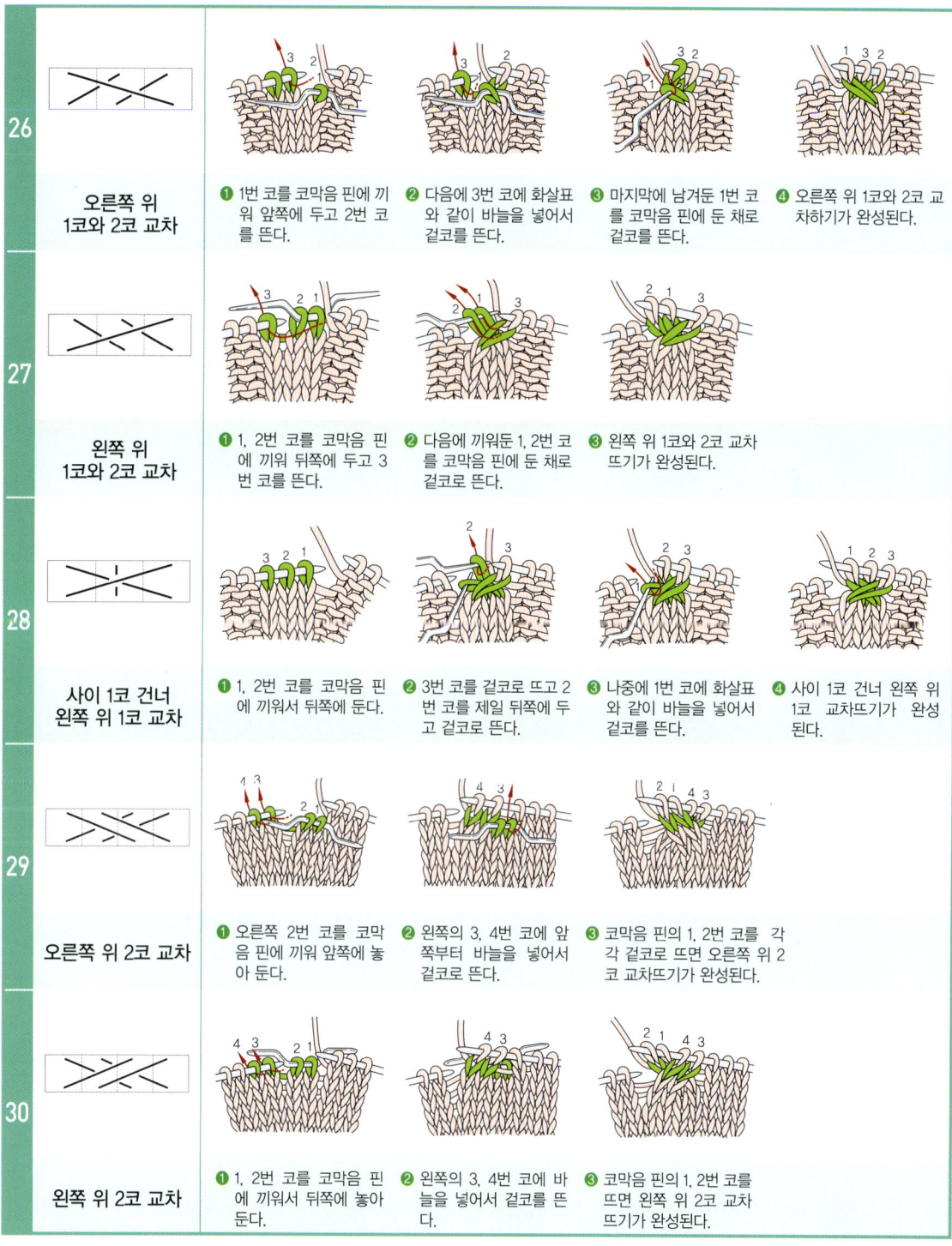

26 오른쪽 위 1코와 2코 교차	❶ 1번 코를 코막음 핀에 끼워 앞쪽에 두고 2번 코를 뜬다.	❷ 다음에 3번 코에 화살표와 같이 바늘을 넣어서 겉코를 뜬다.	❸ 마지막에 남겨둔 1번 코를 코막음 핀에 둔 채로 겉코를 뜬다. ❹ 오른쪽 위 1코와 2코 교차하기가 완성된다.
27 왼쪽 위 1코와 2코 교차	❶ 1, 2번 코를 코막음 핀에 끼워 뒤쪽에 두고 3번 코를 뜬다.	❷ 다음에 끼워둔 1, 2번 코를 코막음 핀에 둔 채로 겉코로 뜬다.	❸ 왼쪽 위 1코와 2코 교차뜨기가 완성된다.
28 사이 1코 건너 왼쪽 위 1코 교차	❶ 1, 2번 코를 코막음 핀에 끼워서 뒤쪽에 둔다.	❷ 3번 코를 겉코로 뜨고 2번 코를 제일 뒤쪽에 두고 겉코로 뜬다.	❸ 나중에 1번 코에 화살표와 같이 바늘을 넣어서 겉코를 뜬다. ❹ 사이 1코 건너 왼쪽 위 1코 교차뜨기가 완성된다.
29 오른쪽 위 2코 교차	❶ 오른쪽 2번 코를 코막음 핀에 끼워 앞쪽에 놓아 둔다.	❷ 왼쪽의 3, 4번 코에 앞쪽부터 바늘을 넣어서 겉코로 뜬다.	❸ 코막음 핀의 1, 2번 코를 각각 겉코로 뜨면 오른쪽 위 2코 교차뜨기가 완성된다.
30 왼쪽 위 2코 교차	❶ 1, 2번 코를 코막음 핀에 끼워서 뒤쪽에 놓아 둔다.	❷ 왼쪽의 3, 4번 코에 바늘을 넣어서 겉코로 뜬다.	❸ 코막음 핀의 1, 2번 코를 뜨면 왼쪽 위 2코 교차뜨기가 완성된다.

31

사이안뜨기
2코 건너
왼코 위 1코 교차

❶ 1번 코와 2, 3번 코를 2 개의 코막음 핀에 끼워 둔다.

❷ 4번의 코를 겉코로 뜨고, 2, 3번코를 뒤쪽에서 안코로 뜬다.

❸ 마지막에 1번 코 앞쪽에서부터 바늘을 넣어 겉코로 뜬다.

❹ 사이안뜨기 2코 건너 왼코 위 1코 교차뜨기가 완성된다.

32

사이 3코 건너
오른쪽 위 1코 교차

❶ 1번 코와 2, 3번 코를 2 개의 코막음 핀에 끼워서 둔다.

❷ 우선 5번 코를 겉코로 뜨고, 2~4번 코를 뜬다.

❸ 나중에 제일 앞쪽 1번 코를 넣어서 겉코로 뜬다.

❹ 사이 3코 건너 오른쪽 위 1코 교차뜨기가 완성된다.

33

왼쪽 위 3코 교차

❶ 오른쪽 1~3번 코를 코 막음 핀에 끼워서 뒷쪽에 두고 4~6번 코를 뜬다.

❷ 놓아둔 3코를 코막음 핀 채로 왼쪽으로 넘긴다.

❸ 코막음 핀의 코에서 앞쪽으로 바늘을 넣어서 겉코로 뜬다.

❹ 왼쪽 위 3코 교차뜨기가 완성된다.

34

오른쪽 코에 퀜 노트
(3코)

❶ 3코를 뜨지 않고 오른쪽 바늘에 옮기고 1번째 코는 코의 방향을 바꾼다.

❷ 오른쪽 바늘을 1번째 코에 넣고 2코에 덮어씌우고, 2 코째를 겉코로 뜬다.

❸ 다음에 늘림코를 하고 3번째 코에 바늘을 넣어서 겉코로 뜬다.

❹ 오른쪽 코에 퀜 노트(3 코)가 완성된다.

35

왼쪽 코에 퀜 노트
(3코)

❶ 3번째 코에 먼저 바늘을 넣고 화살표와 같이 오른쪽 2코에 덮어 씌운다.

❷ 오른쪽 코에 앞쪽으로 바늘을 넣고 빼내서 겉 코로 뜬다.

❸ 다음에 늘림코를 하고 왼쪽 코에 바늘을 넣어서 겉코를 뜬다.

❹ 왼쪽 코에 퀜 노트(3코) 가 완성된다.

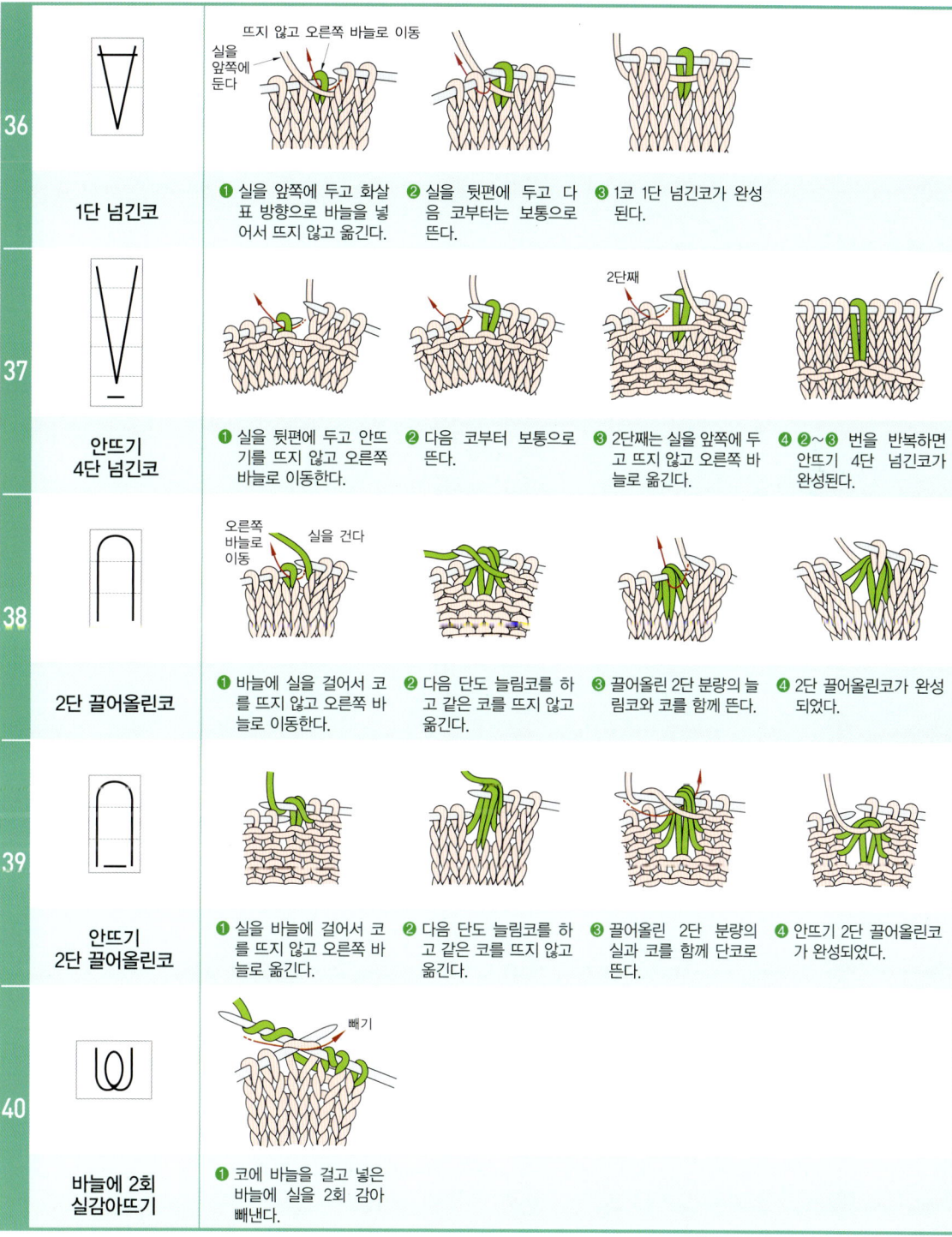

36

1단 넘긴코

뜨지 않고 오른쪽 바늘로 이동

실을 앞쪽에 둔다

❶ 실을 앞쪽에 두고 화살표 방향으로 바늘을 넣어서 뜨지 않고 옮긴다.

❷ 실을 뒷편에 두고 다음 코부터는 보통으로 뜬다.

❸ 1코 1단 넘긴코가 완성된다.

37

안뜨기 4단 넘긴코

❶ 실을 뒷편에 두고 안뜨기를 뜨지 않고 오른쪽 바늘로 이동한다.

❷ 다음 코부터 보통으로 뜬다.

2단째

❸ 2단째는 실을 앞쪽에 두고 뜨지 않고 오른쪽 바늘로 옮긴다.

❹ ❷~❸ 번을 반복하면 안뜨기 4단 넘긴코가 완성된다.

38

2단 끌어올린코

오른쪽 바늘로 이동 / 실을 건다

❶ 바늘에 실을 걸어서 코를 뜨지 않고 오른쪽 바늘로 이동한다.

❷ 다음 단도 늘림코를 하고 같은 코를 뜨지 않고 옮긴다.

❸ 끌어올린 2단 분량의 늘림코와 코를 함께 뜬다.

❹ 2단 끌어올린코가 완성되었다.

39

안뜨기 2단 끌어올린코

❶ 실을 바늘에 걸어서 코를 뜨지 않고 오른쪽 바늘로 옮긴다.

❷ 다음 단도 늘림코를 하고 같은 코를 뜨지 않고 옮긴다.

❸ 끌어올린 2단 분량의 실과 코를 함께 단코로 뜬다.

❹ 안뜨기 2단 끌어올린코가 완성되었다.

40

바늘에 2회 실감아뜨기

빼기

❶ 코에 바늘을 걸고 넣은 바늘에 실을 2회 감아 빼낸다.

15

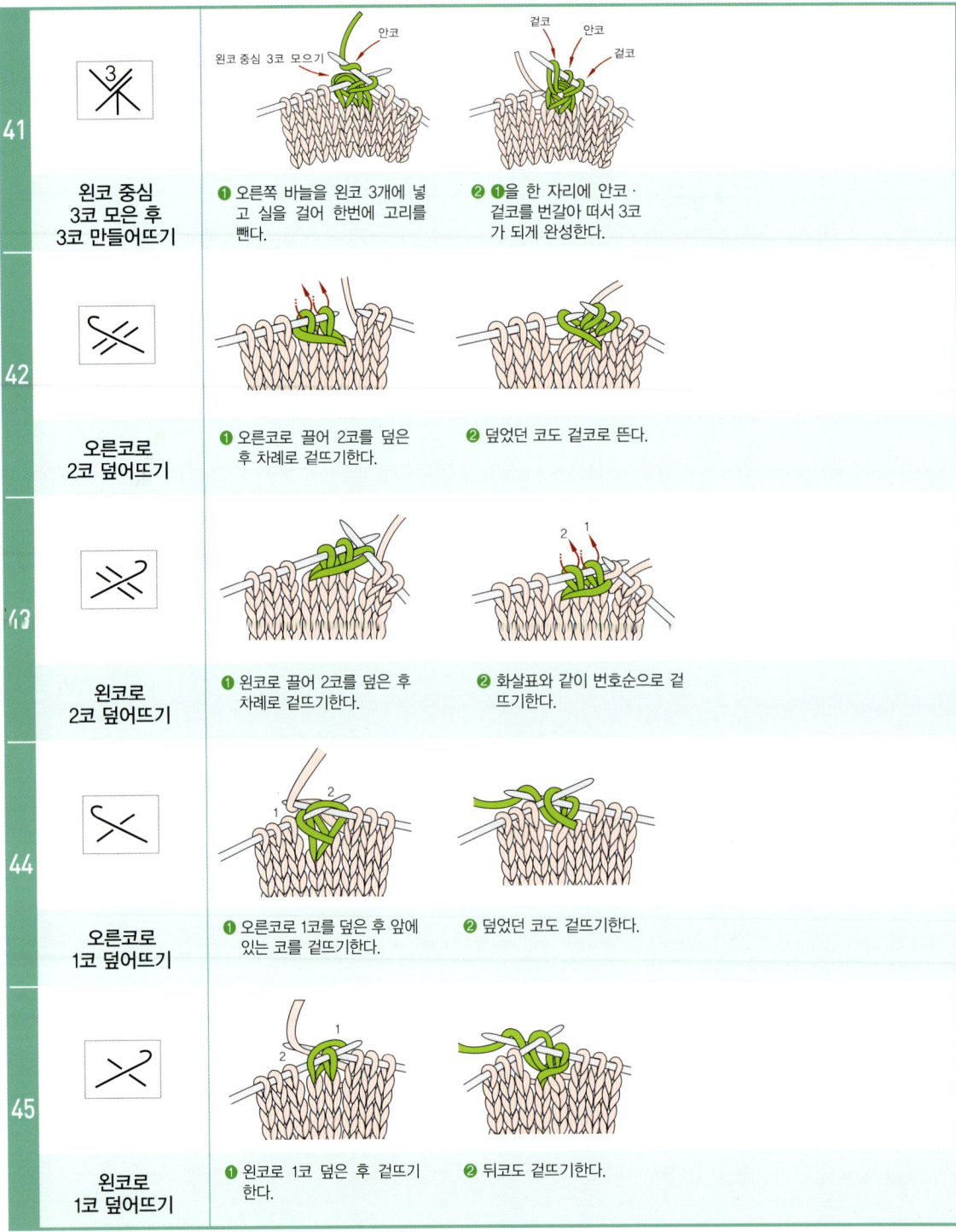

41	왼코 중심 3코 모은 후 3코 만들어뜨기	왼코 중심 3코 모으기 · 안코 / 겉코 · 안코 · 겉코	
		❶ 오른쪽 바늘을 왼코 3개에 넣고 실을 걸어 한번에 고리를 뺀다.	❷ ❶을 한 자리에 안코 · 겉코를 번갈아 떠서 3코가 되게 완성한다.
42	오른코로 2코 덮어뜨기	❶ 오른코로 끌어 2코를 덮은 후 차례로 겉뜨기한다.	❷ 덮었던 코도 겉코로 뜬다.
43	왼코로 2코 덮어뜨기	❶ 왼코로 끌어 2코를 덮은 후 차례로 겉뜨기한다.	❷ 화살표와 같이 번호순으로 겉뜨기한다.
44	오른코로 1코 덮어뜨기	❶ 오른코로 1코를 덮은 후 앞에 있는 코를 겉뜨기한다.	❷ 덮었던 코도 겉뜨기한다.
45	왼코로 1코 덮어뜨기	❶ 왼코로 1코 덮은 후 겉뜨기한다.	❷ 뒤코도 겉뜨기한다.

손뜨개 기본도구

코막음 핀
꽈배기 무늬나 다이아몬드 무늬 등 여러 가지 무늬를 넣을 때 코를 옮기는 용도로 사용하는 핀이다. 꽈배기 바늘이라고도 하며 활 모양으로 생겨 코가 쉽게 빠지지 않는다.

줄바늘
대바늘과 대바늘을 줄로 연결한 것으로 일반적인 대바늘 뜨기부터 목선이나 겨드랑이 부분처럼 둥글게 뜨기를 하는 곳에 적당하다.

풀림방지 핀
무늬를 넣거나 주머니를 만들 때, 배색이나 연결뜨기를 할 때 등, 코를 잠시 빼두어야 할 때 코를 끼워두는 용도로 사용한다.

시침핀
옷을 다 뜬 뒤 마무리할 때 필요한 도구이다. 모티프나 생활 용품의 가장자리를 연결할 때, 단추나 안감을 달 때 임시로 위치를 고정할 수 있다.

돗바늘
바늘귀가 커서 털실을 끼워 사용할 수 있는 바늘을 말한다. 여러 개의 모티프나 각각의 편물 조각을 연결할 때 사용한다.

대바늘
나무, 플라스틱, 금속 재질 등이 있으며 숫자가 클수록 두께가 굵어진다. 실제보다 약간 굵은 것을 사용하는 것이 좋다.

코바늘
비교적 신축성이 적은 편물을 뜰 때 사용한다. 대바늘 뜨기의 코를 만들거나 마무리할 때, 솔기를 꿰맬 때 등의 용도로 다양하게 사용하며 실의 굵기에 따라 선택이 달라진다.

줄자
몸의 치수나 생활 소품의 사이즈를 재는 데 사용한다.

가위
실을 자를 때 사용한다. 용도와는 상관없이 끝이 날렵한 것이 좋다.

1 2코 4단 1무늬

2 6코 4단 1무늬

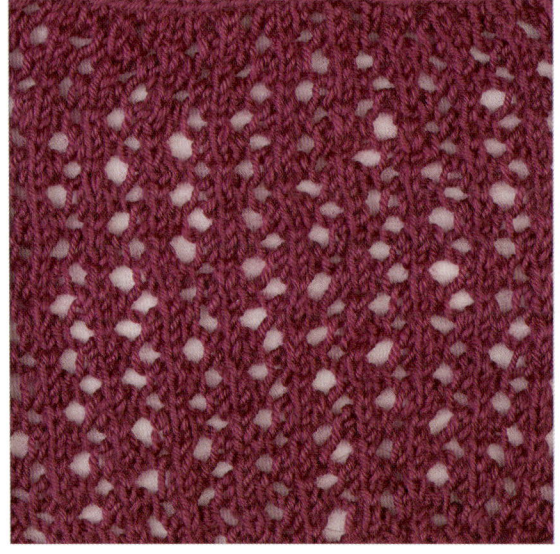

3 17코 12단 1무늬

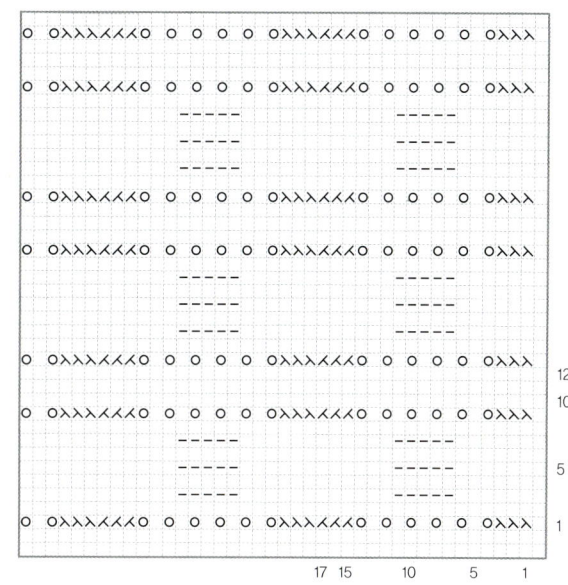

4 8코 12단 1무늬

5 12코 20단 1무늬

$\square = |$

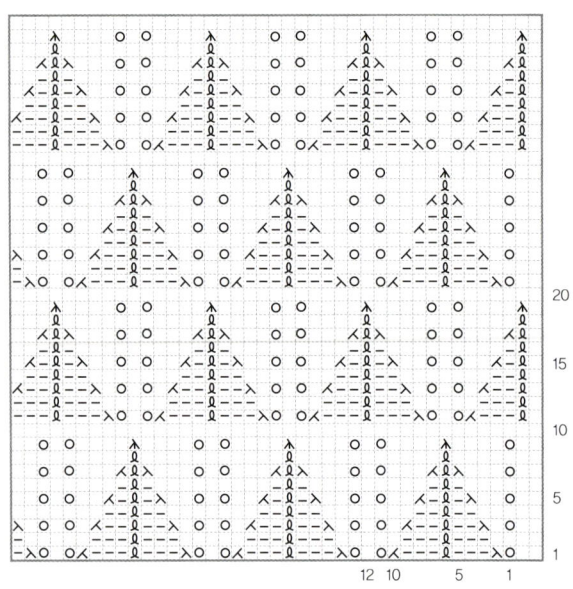

6 18코 32단 1무늬

$\square = |$

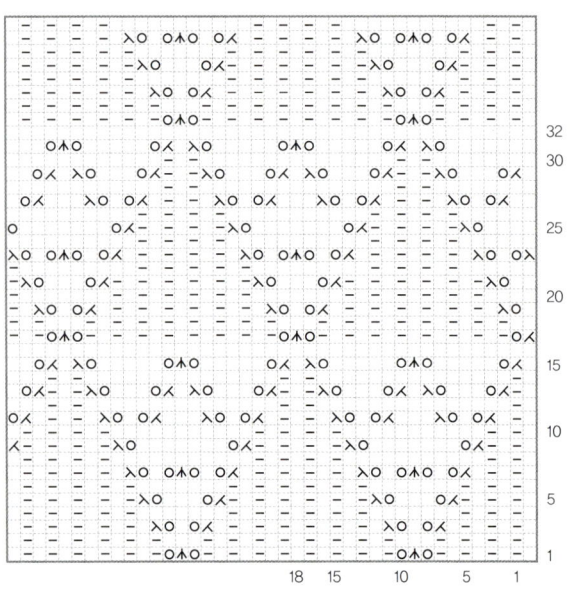

20

7 8코 34단 1무늬

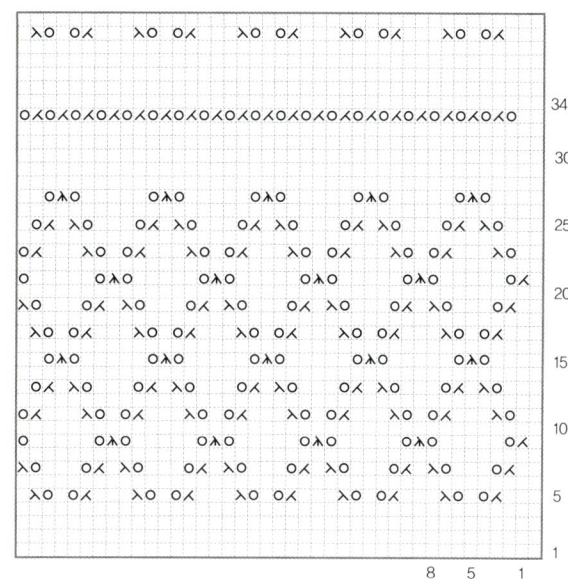

 8 29코 14단 1무늬

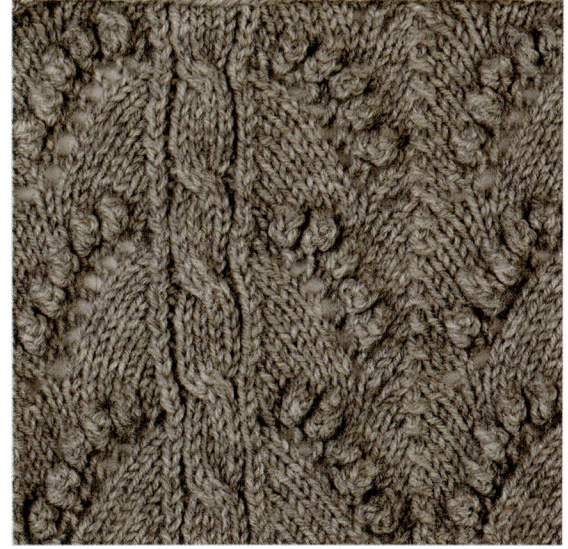

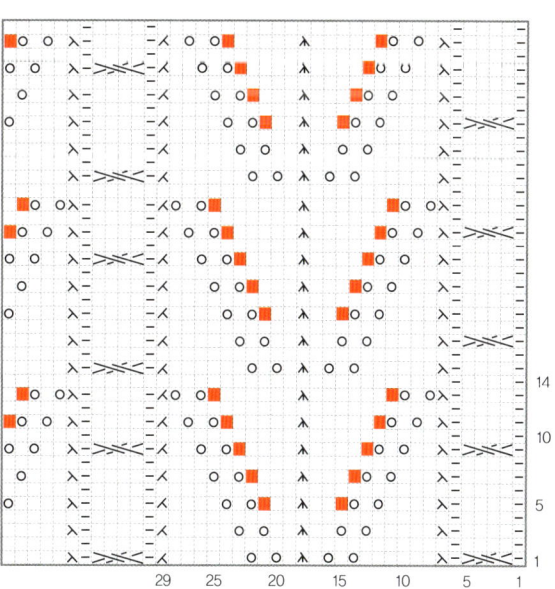

9 40코 40단 1무늬

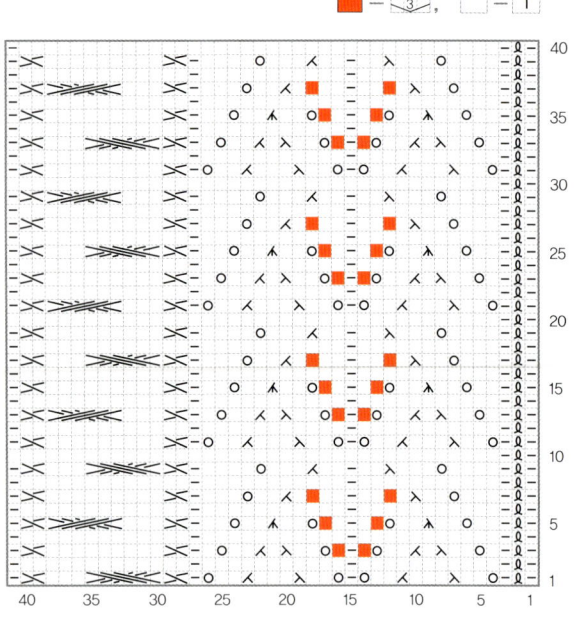

10 11코 14단 1무늬

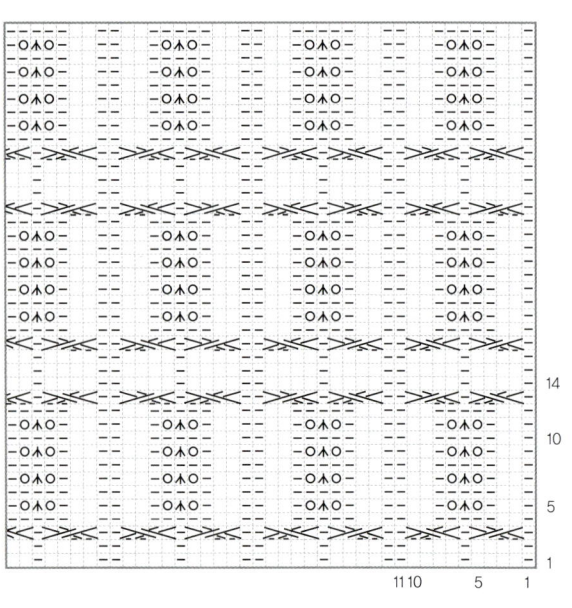

11 25코 26단 1무늬

□ = Ⅰ, 🟩 = 빈칸

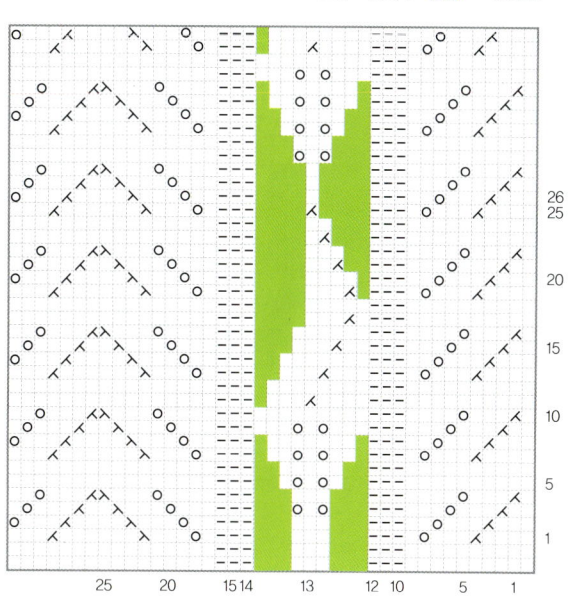

12 8코 4단 1무늬

□ = Ⅰ, 🟧 = 빈칸

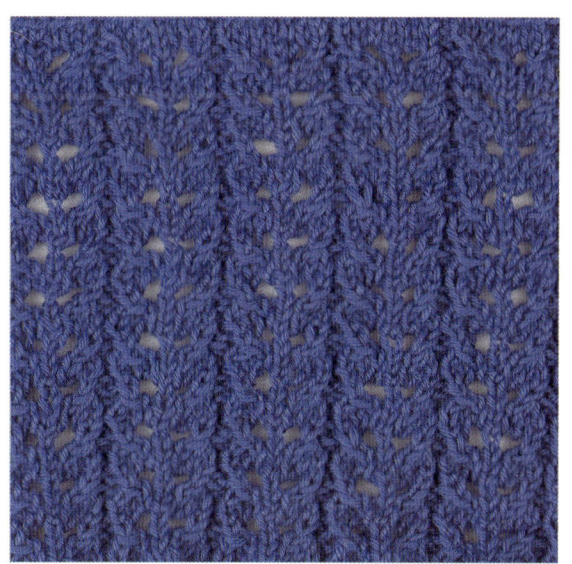

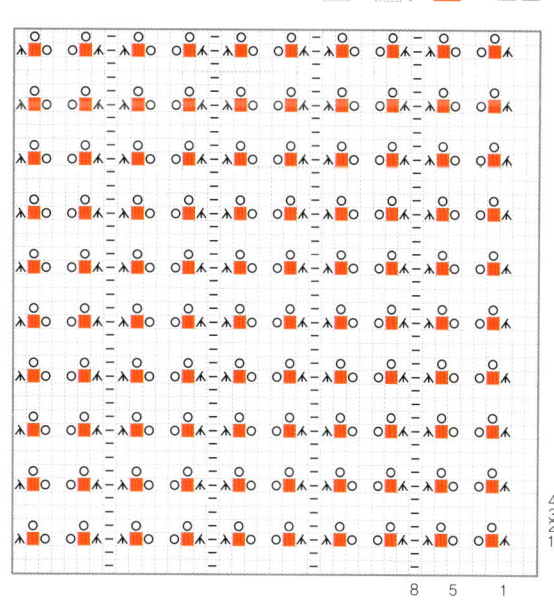

13 8코 8단 1무늬

 14 16코 32단 1무늬

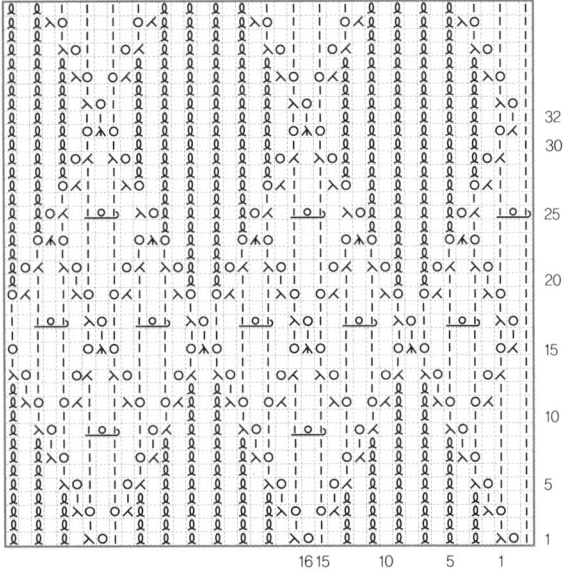

15 22코 28단 1무늬

☐ = ─

28
25
20
15
10
5
1

22 20   15   10   5   1

16 16코 24단 1무늬

☐ = ─

24
20
15
10
5
1

16 15   10   5   1

17 34코 24단 1무늬

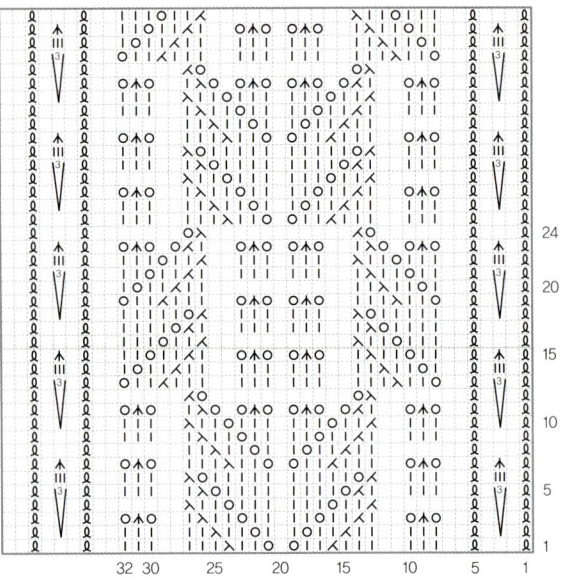

18 20코 30단 1무늬

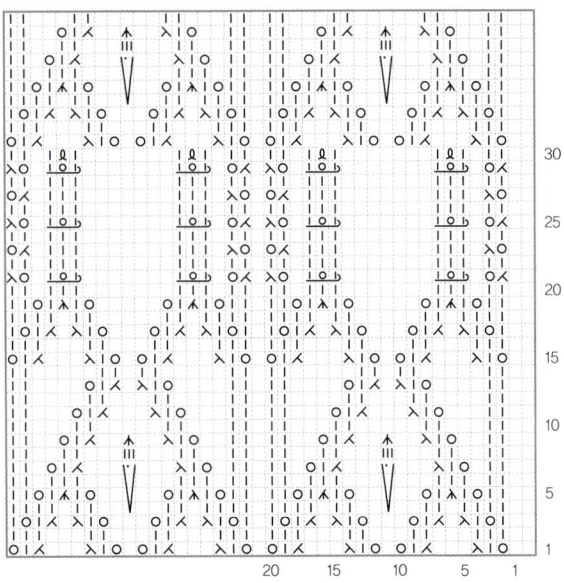

19 10코 10단 1무늬

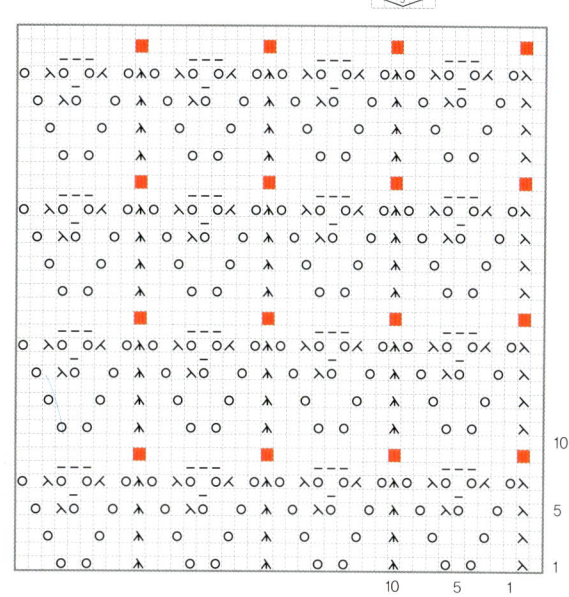

20 15코 20단 1무늬

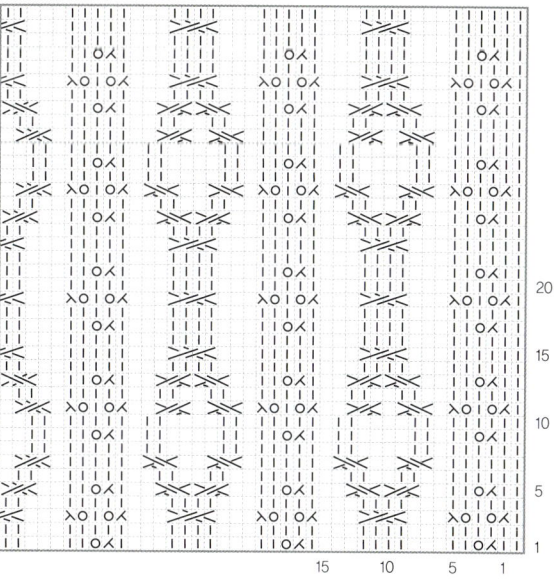

21 5코 4단 1무늬

 22 8코 4단 1무늬

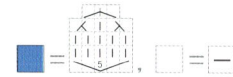

23 28코 12단 1무늬

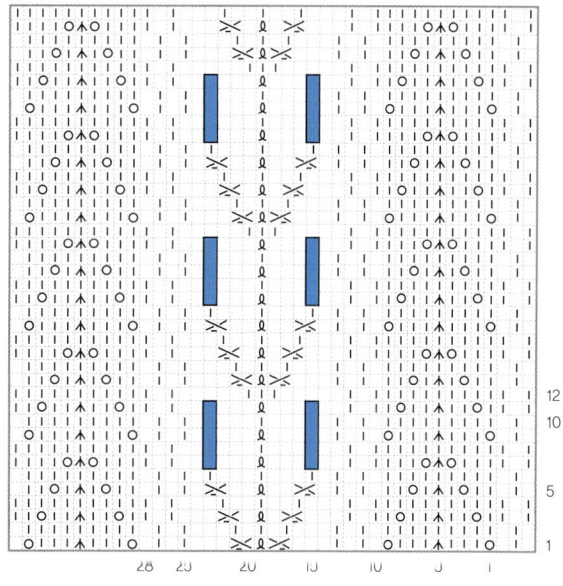

24 5코 4단 1무늬

25 17코 24단 1무늬

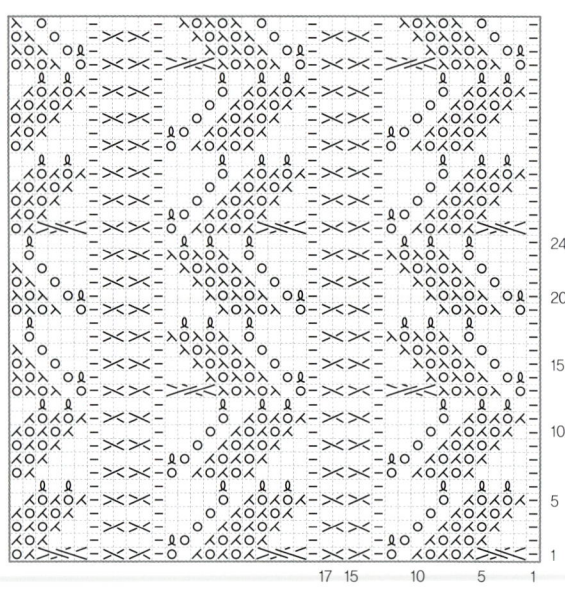

26 27코 12단 1무늬

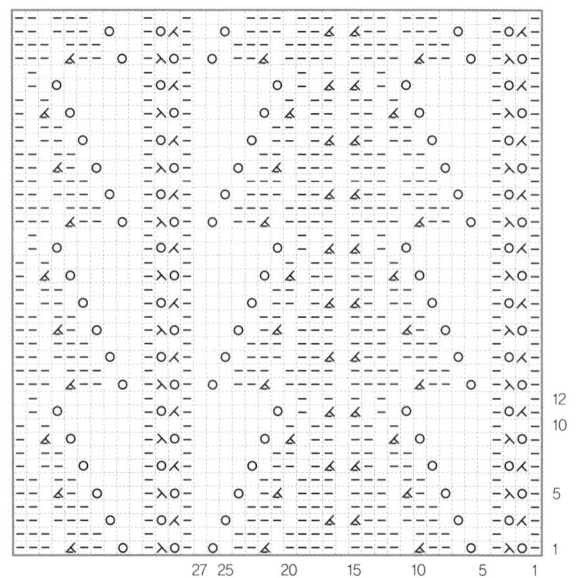

27 12코 12단 1무늬

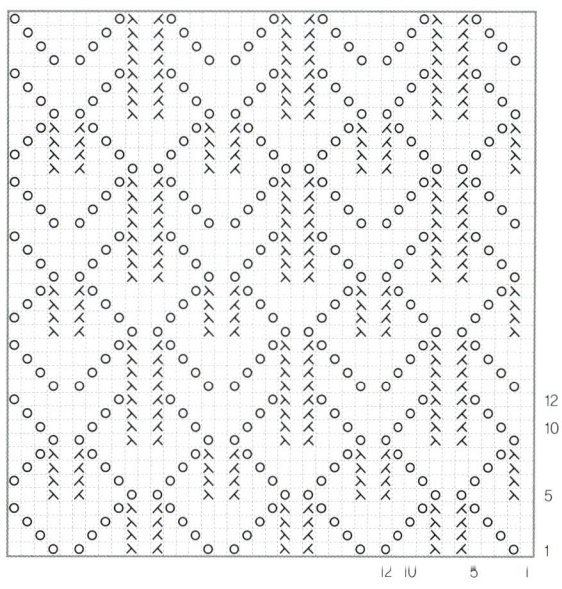

28 16코 16단 1무늬

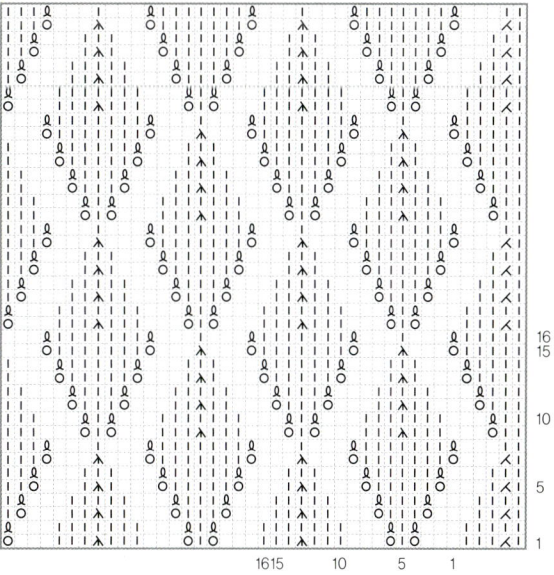

 **29** 16코 16단 1무늬

$\square = \boxed{-}$

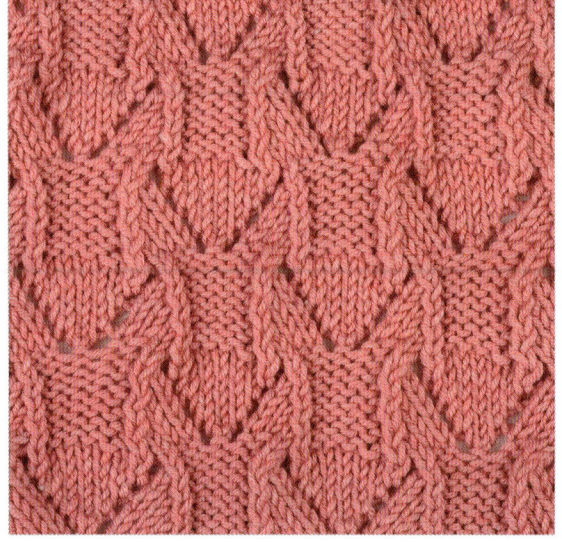

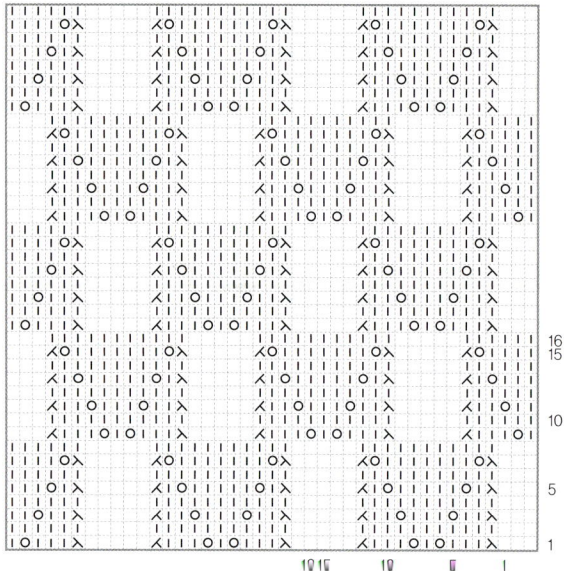

30 19코 24단 1무늬

$\blacksquare = \mathcal{Q}$, $\square = \boxed{1}$

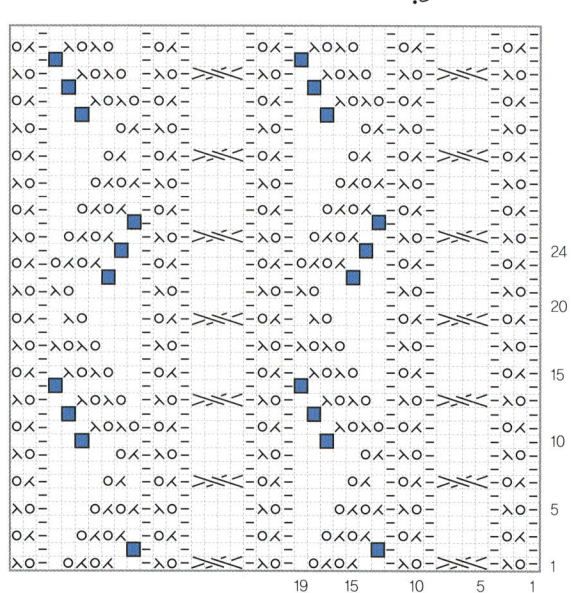

31 23코 24단 1무늬

■ = 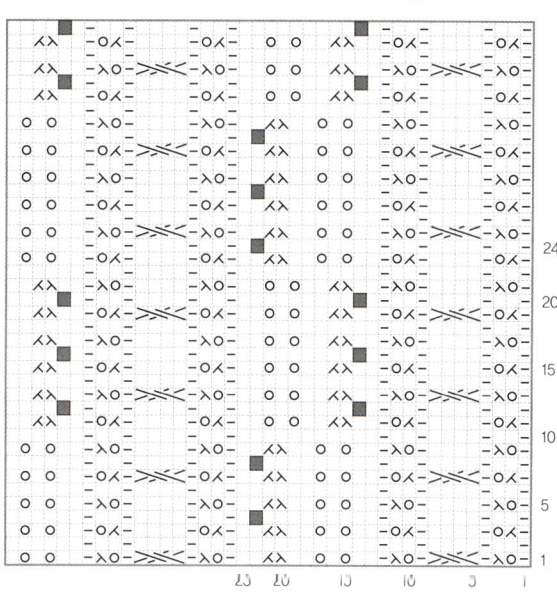, □ = |

32 18코 40단 1무늬

□ = |

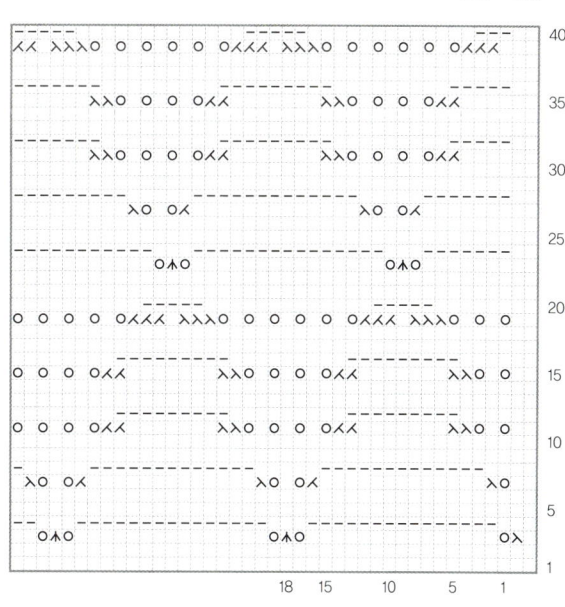

 **33** 6코 16단 1무늬

$\square = \boxed{-}$

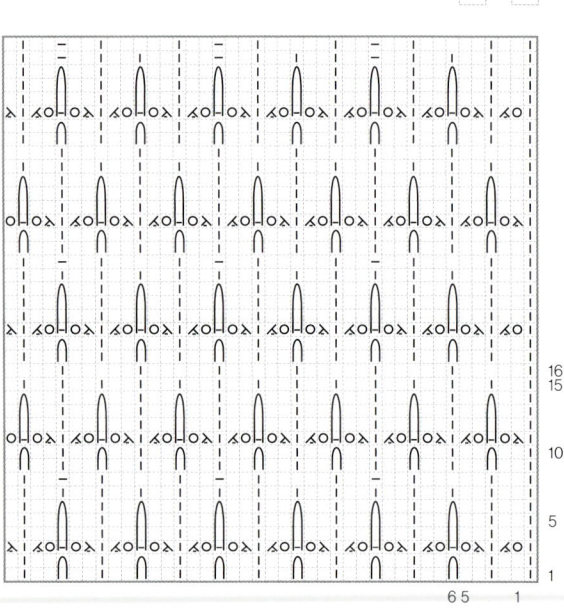

34 13코 24단 1무늬

$\square = \boxed{|}$

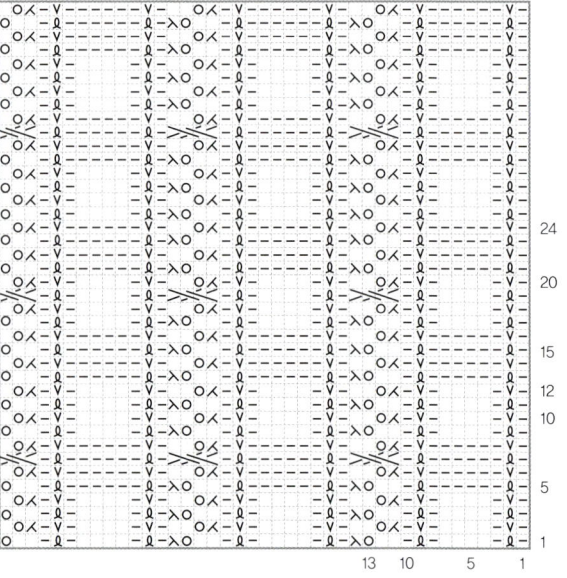

35 18코 28단 1무늬

$\square = |$

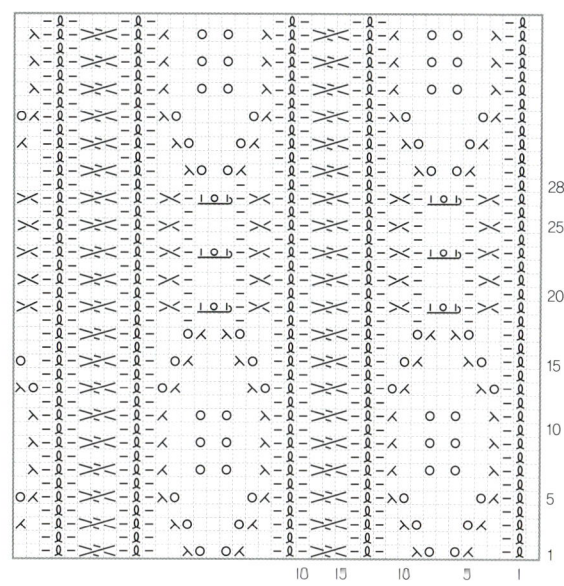

36 23코 10단 1무늬

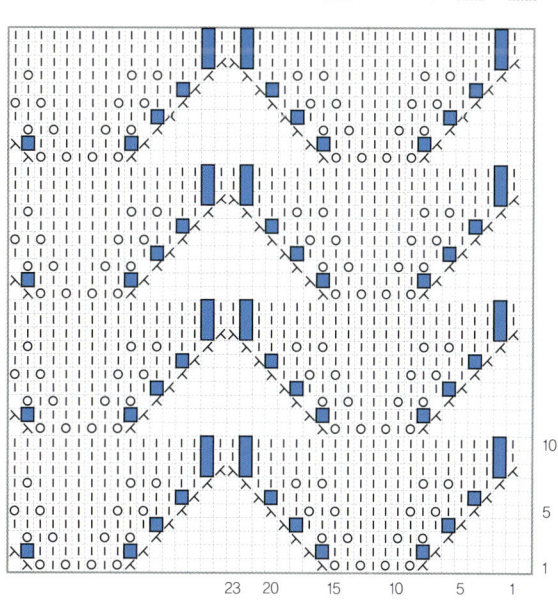

37 13코 10단 1무늬

■ = 빈칸, □ = ─

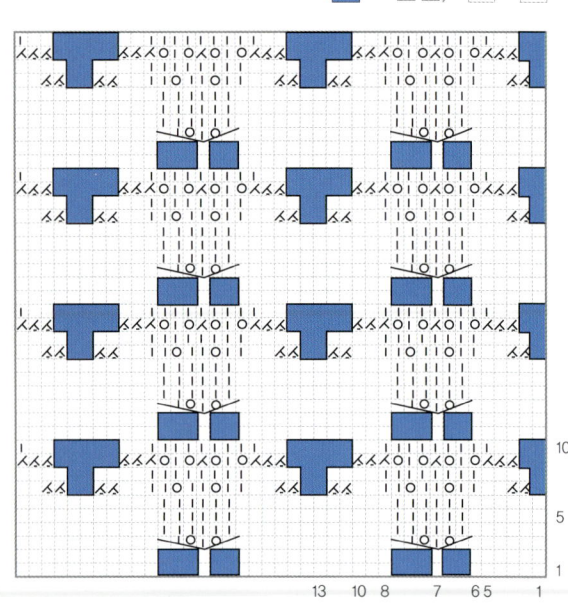

38 14코 16단 1무늬

□ = Ⅰ

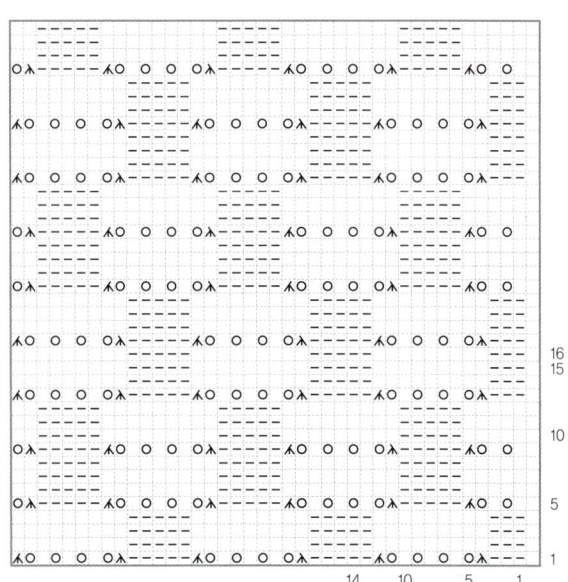

39 19코 28단 1무늬

□ = |

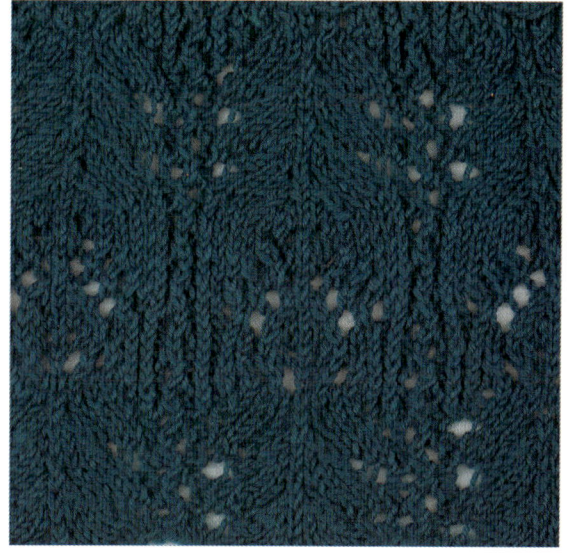

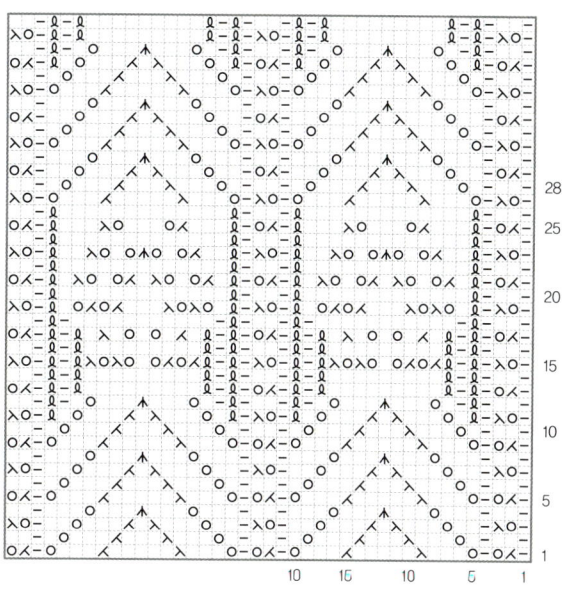

40 33코 28단 1무늬

□ = |

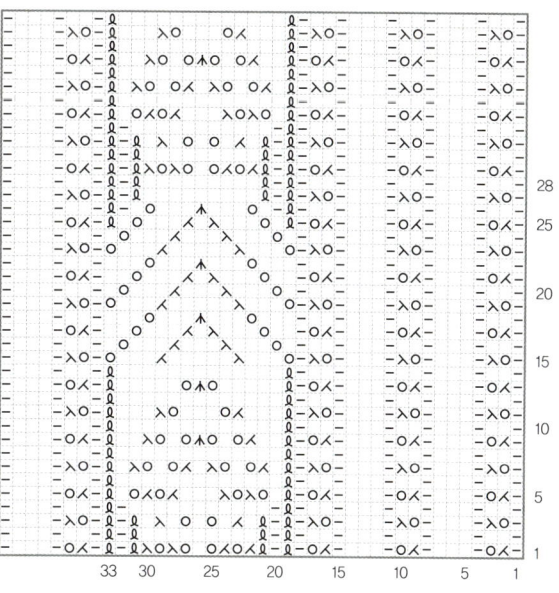

41 21코 36단 1무늬

 42 10코 4단 1무늬

43 6코 8단 1무늬

$\square = \boxed{I}$

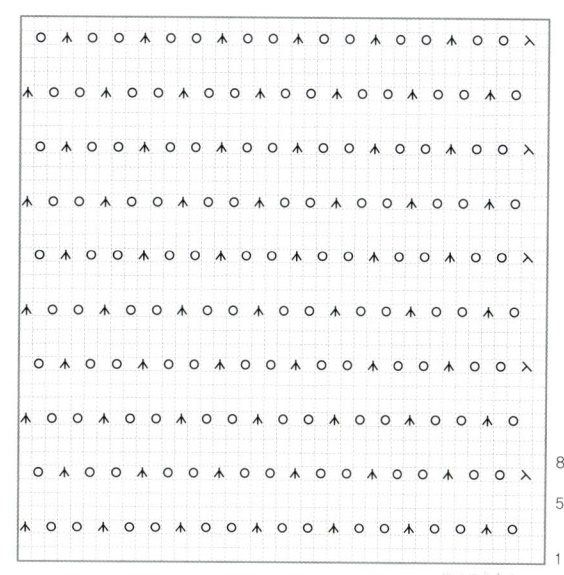

44 6코 4단 1무늬

$\square = \boxed{I}$

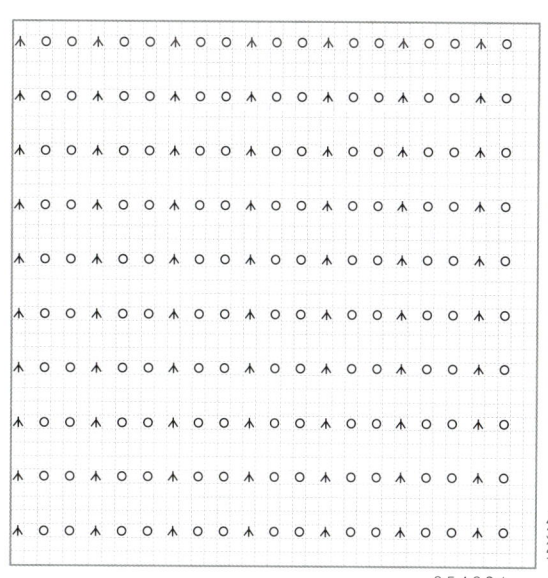

45 4코 4단 1무늬

$\square = |$

46 17코 12단 1무늬

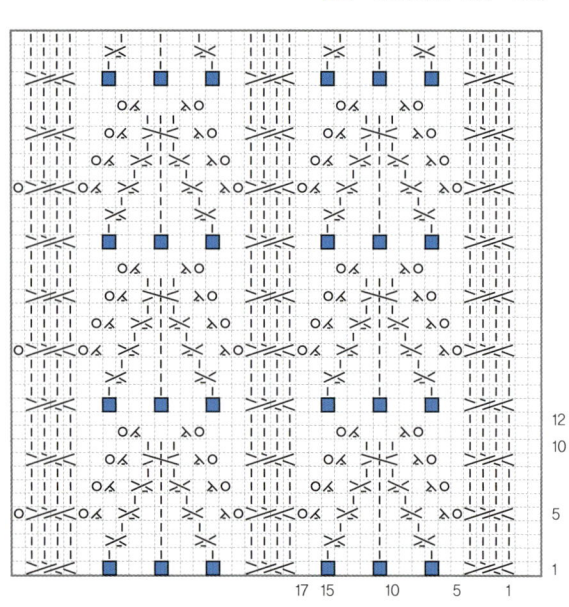

 47 20코 6단 1무늬

☐ − |

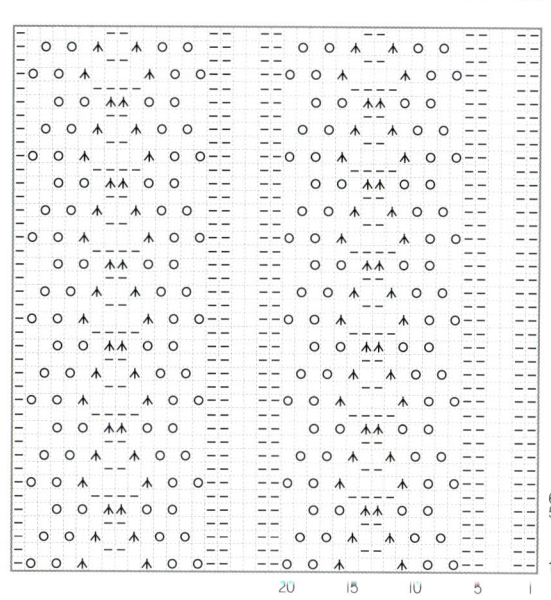

48 6코 38단 1무늬

☐ = |

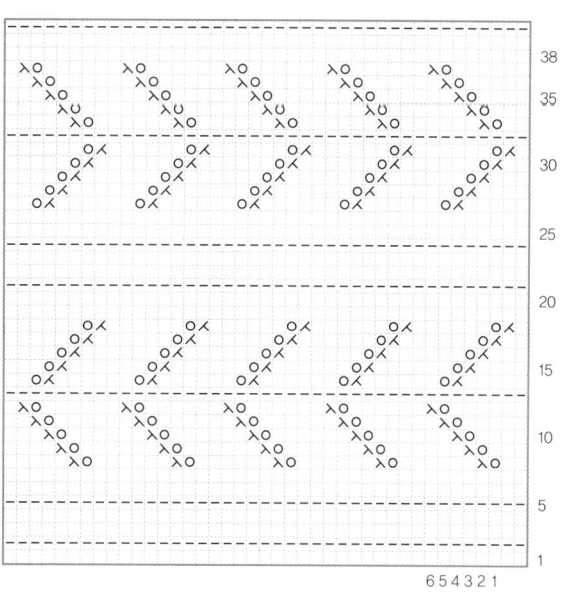

49 10코 24단 1무늬

$\square = -$

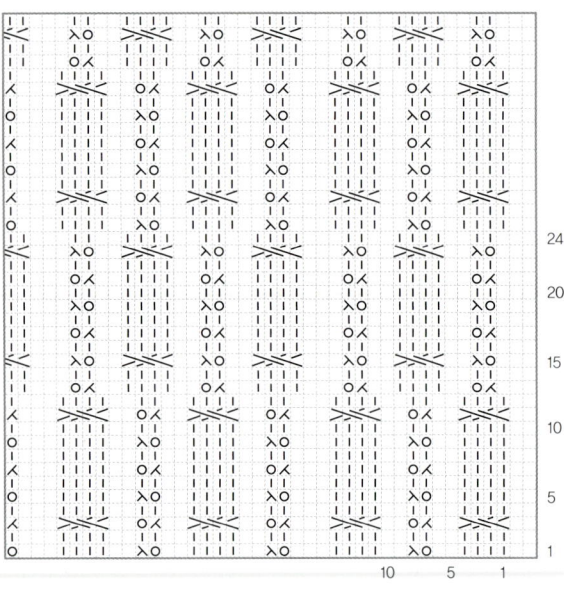

50 27코 18단 1무늬

$\square = |$

51 6코 10단 1무늬

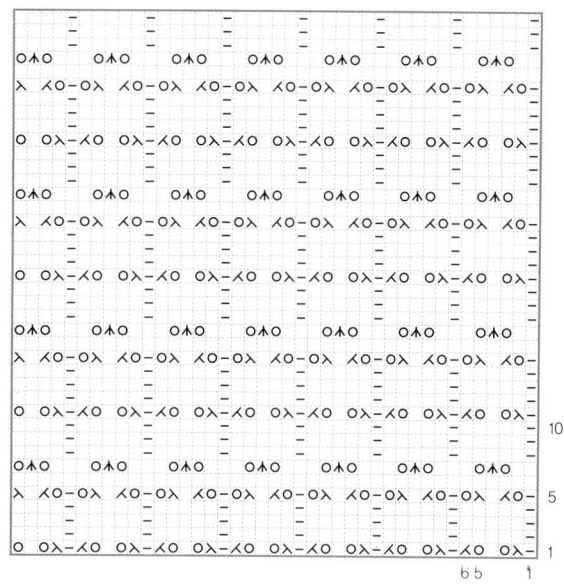

52 18코 16단 1무늬

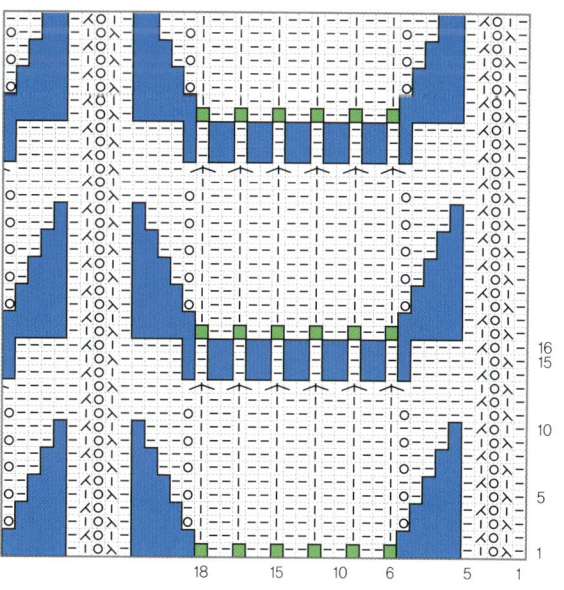

 **53** 24코 24단 1무늬

 **54** 4코 4단 1무늬

55 12코 14단 1무늬

☐ = |

56 14코 34단 1무늬

☐ = |

57 14코 24단 1무늬

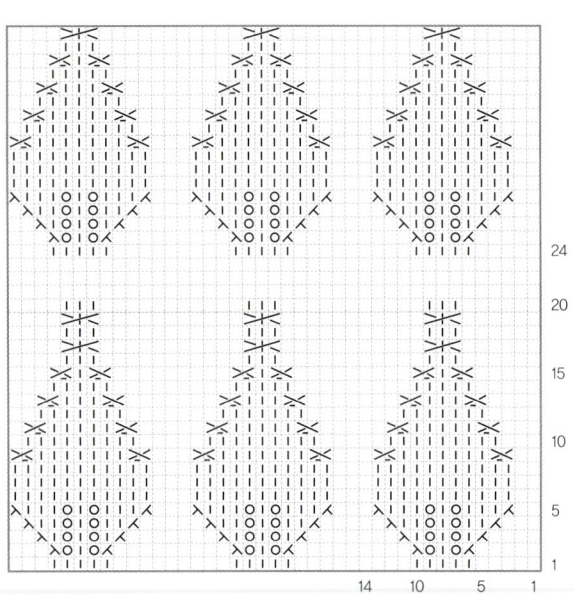

□ = ─

58 20코 36단 1무늬

■ = 빈칸

46

59 10코 22단 1무늬

$\boxed{} = \boxed{1}$

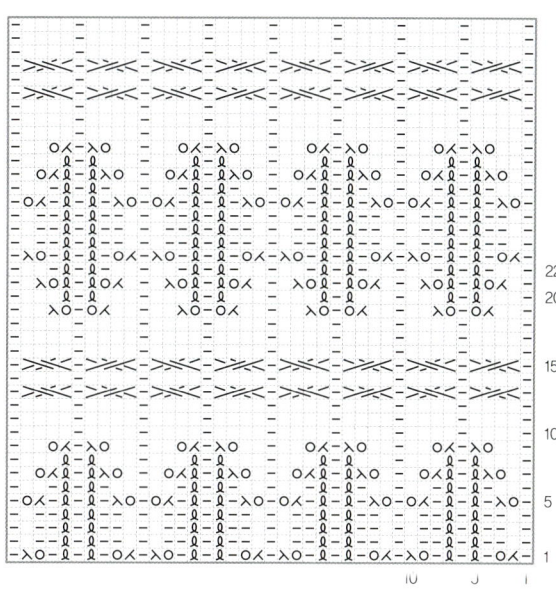

60 12코 28단 1무늬

$\boxed{} = \boxed{1}$

61 22코 12단 1무늬

□ = |

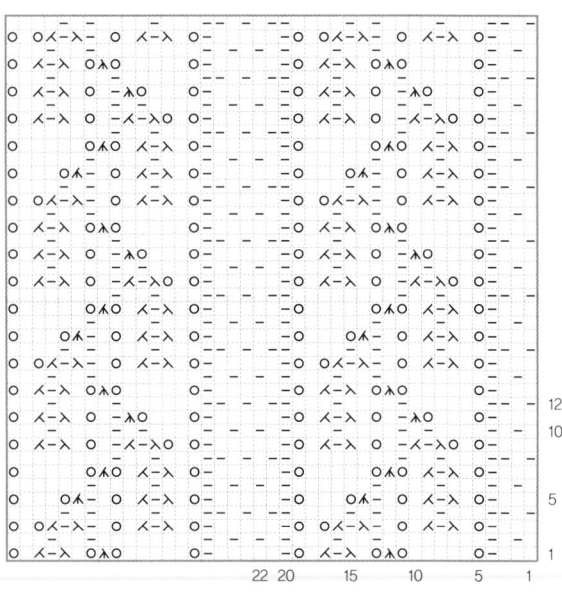

62 22코 28단 1무늬

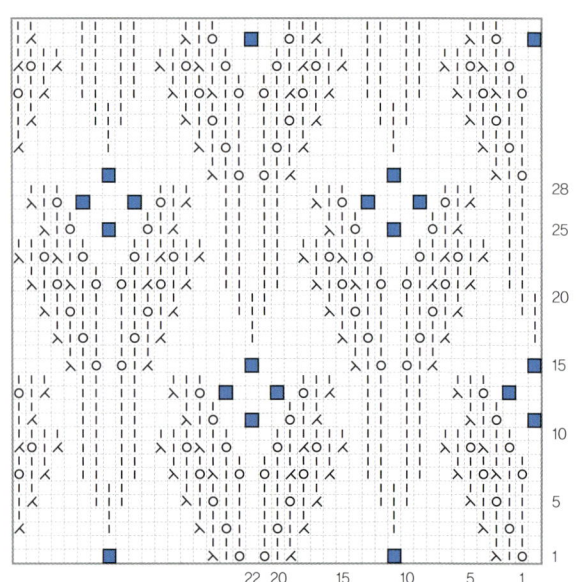

63 22코 28단 1무늬

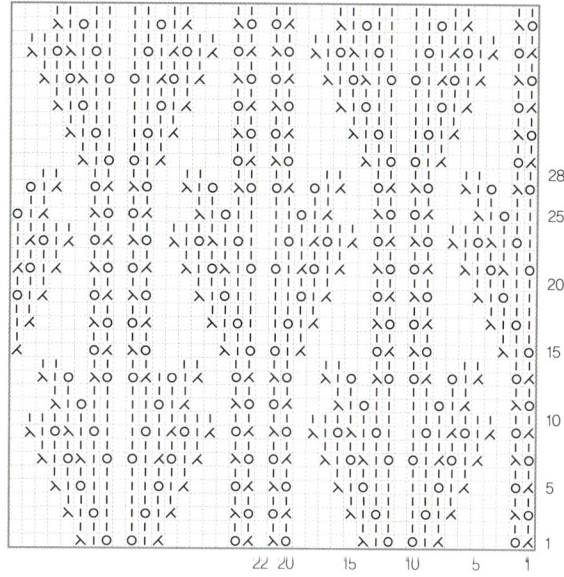

64 14코 20단 1무늬

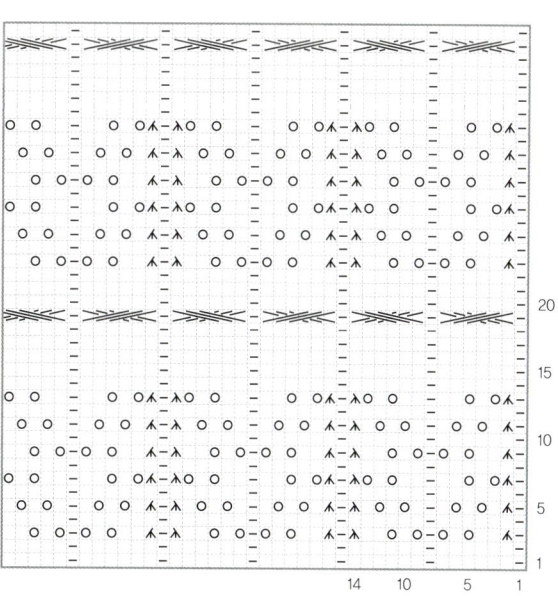

 **65** 28코 10단 1무늬

☐ = |

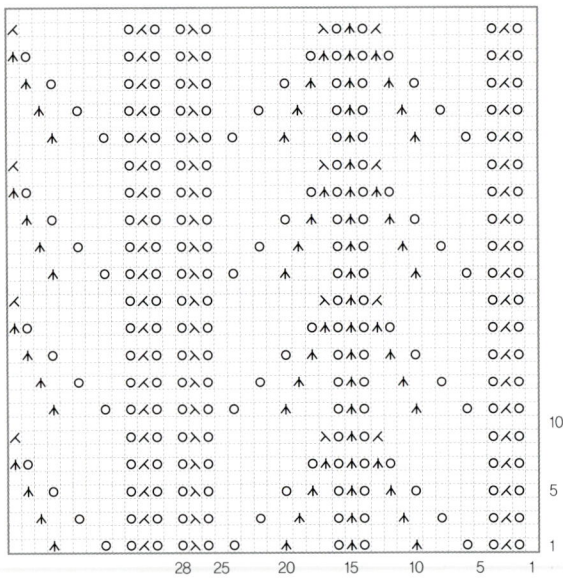

66 16코 20단 1무늬

🟩 = ⌇, 🟦 = 빈칸, ☐ = |

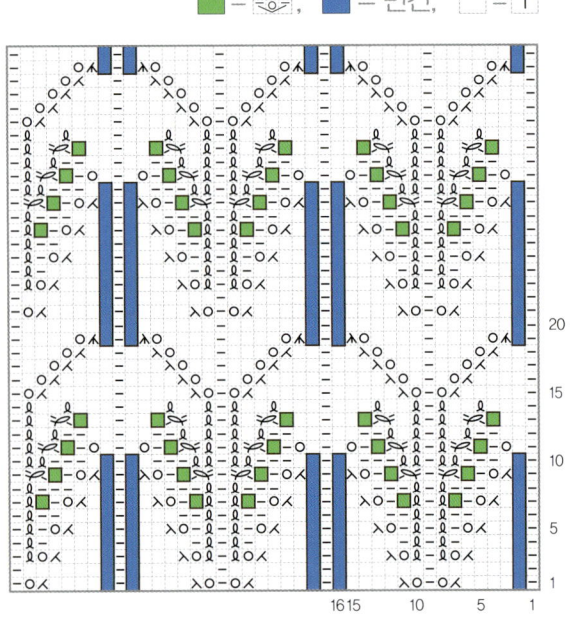

67 6코 22단 1무늬

68 16코 28단 1무늬

 **69** 18코 32단 1무늬

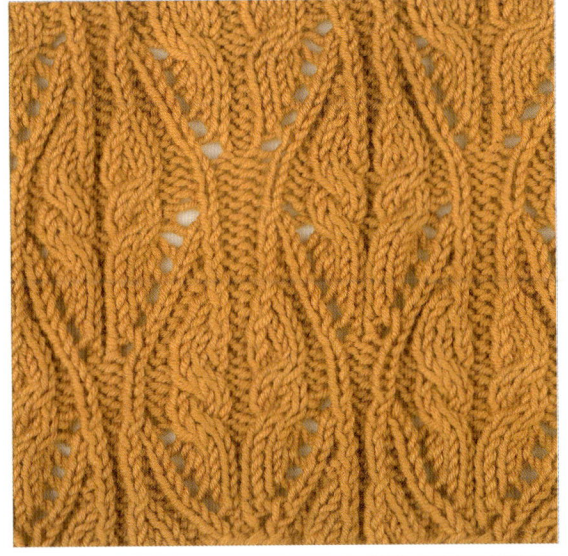

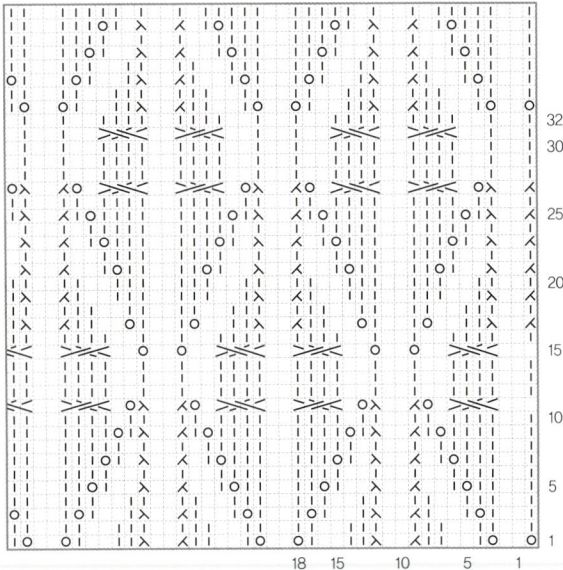

 70 10코 28단 1무늬

 **71** 26코 16단 1무늬

□ = │

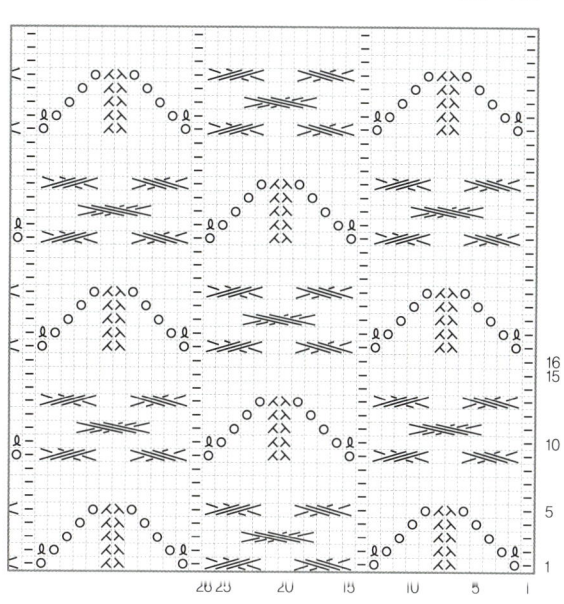

72 7코 8단 1무늬

□ = │

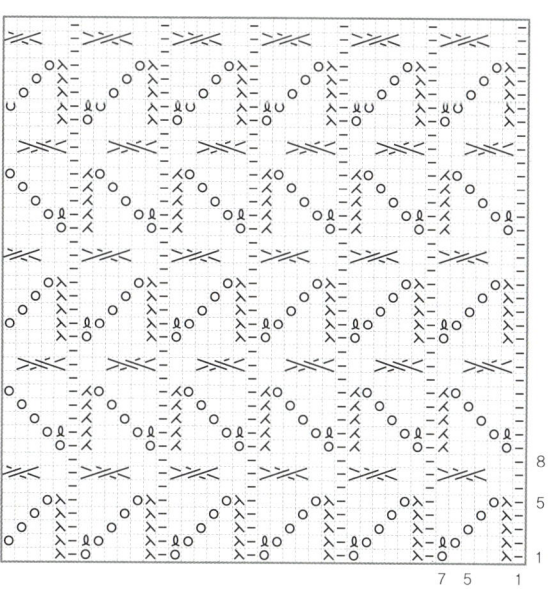

73 28코 24단 1무늬

□ = ─

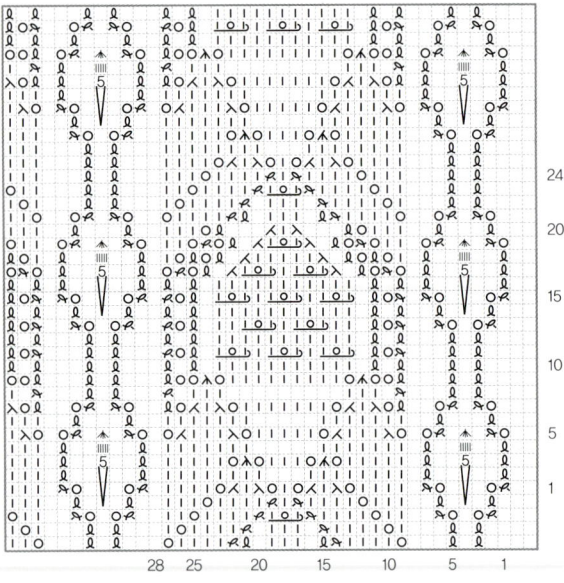

74 32코 24단 1무늬

□ = ─

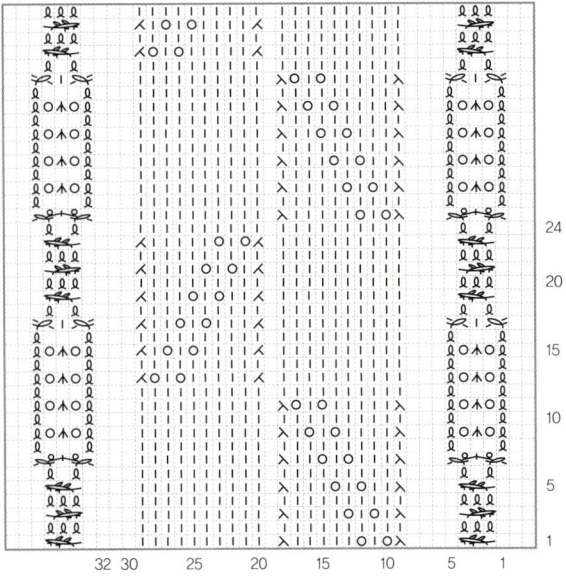

75 4코 32단 1무늬

$\square = \mathsf{I}$

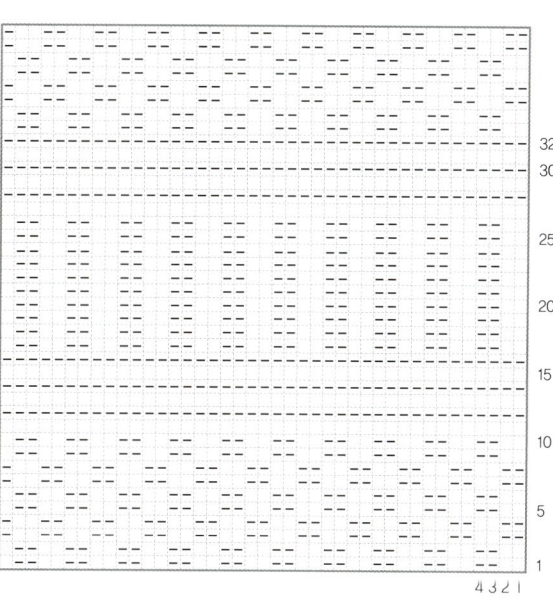

76 10코 16단 1무늬

$\square = \mathsf{I}$

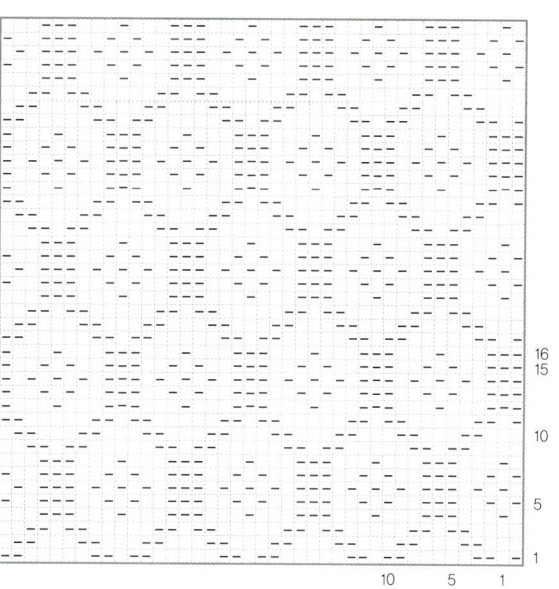

 **77** 28코 32단 1무늬

$\square = |$

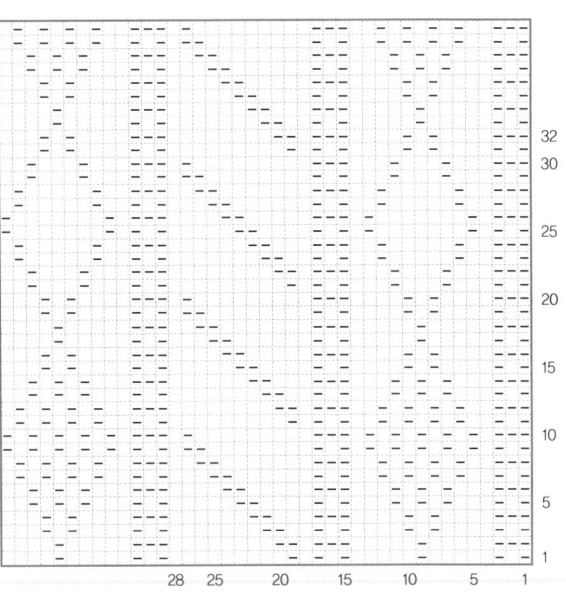

 **78** 6코 20단 1무늬

$\square = -$

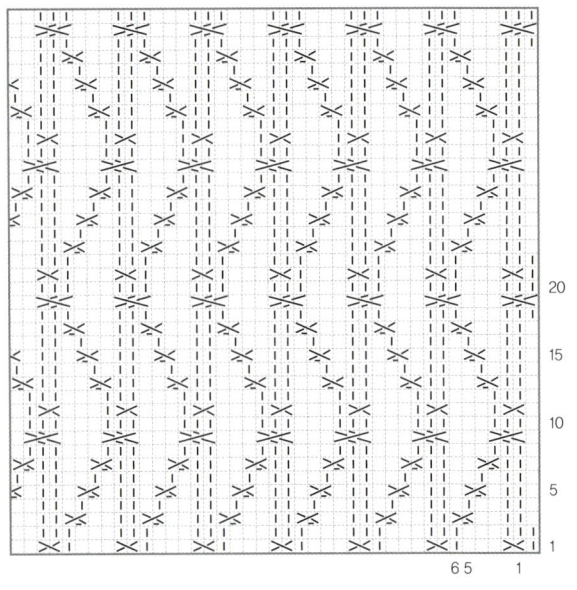

79 12코 24단 1무늬

□ = —

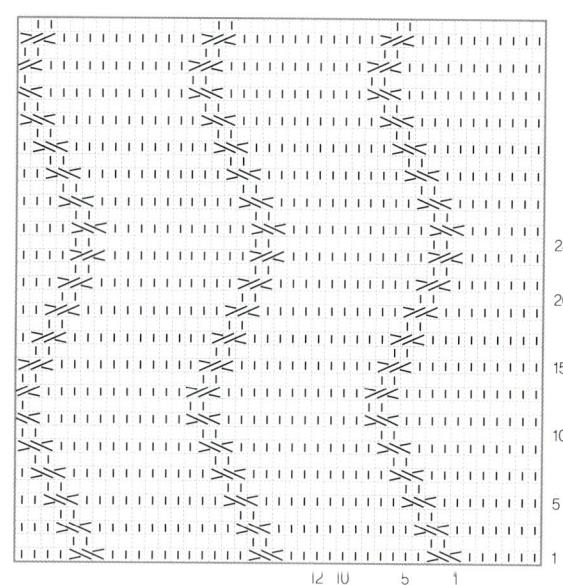

80 9코 12단 1무늬

□ = |

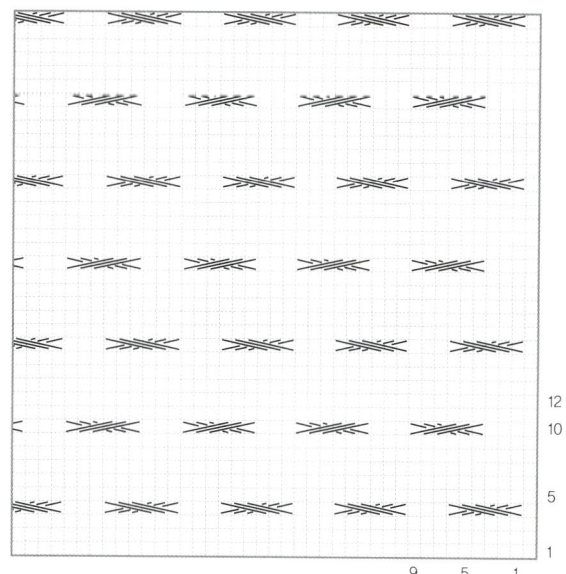

81

12코 24단 1무늬

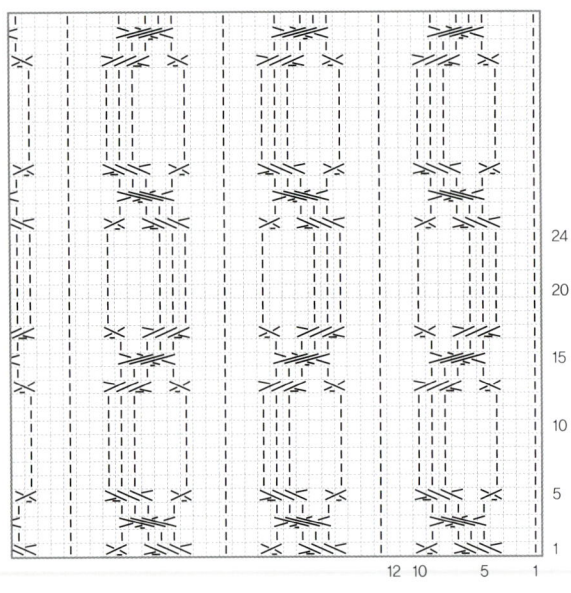

□ = ─

24
20
15
10
5
1

12 10　　5　　1

82

17코 12단 1무늬

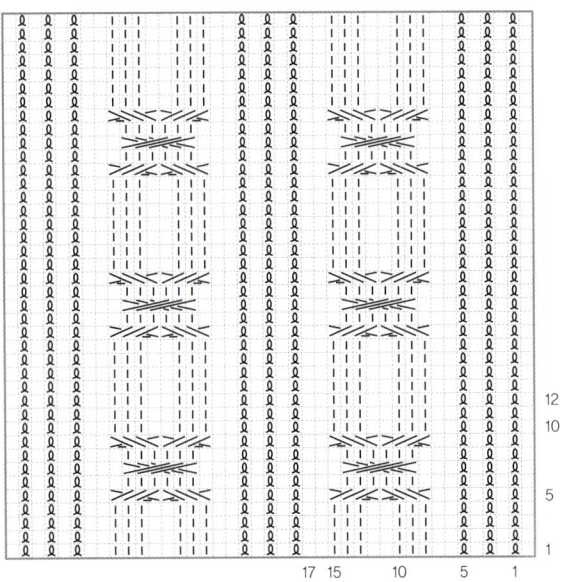

□ = ─

12
10
5
1

17 15　　10　　5　　1

83 11코 14단 1무늬

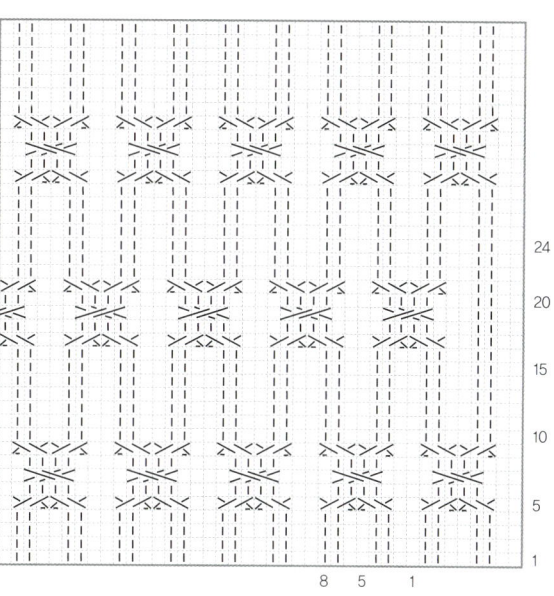

84 8코 24단 1무늬

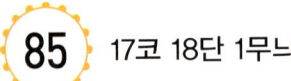

85 17코 18단 1무늬

$\square = \boxed{-}$

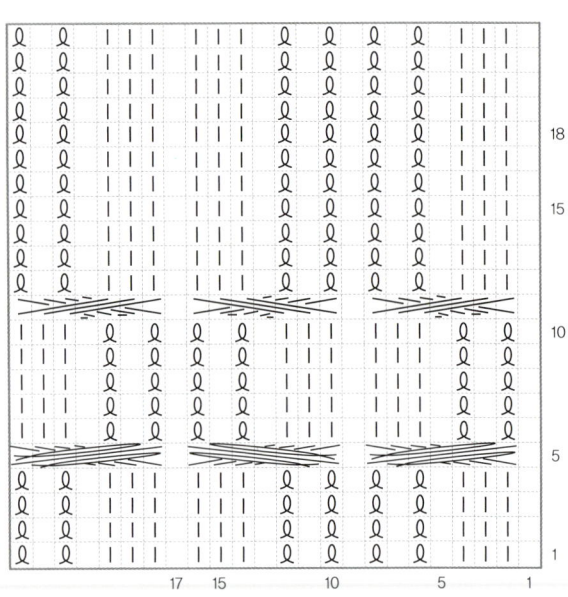

86 20코 24단 1무늬

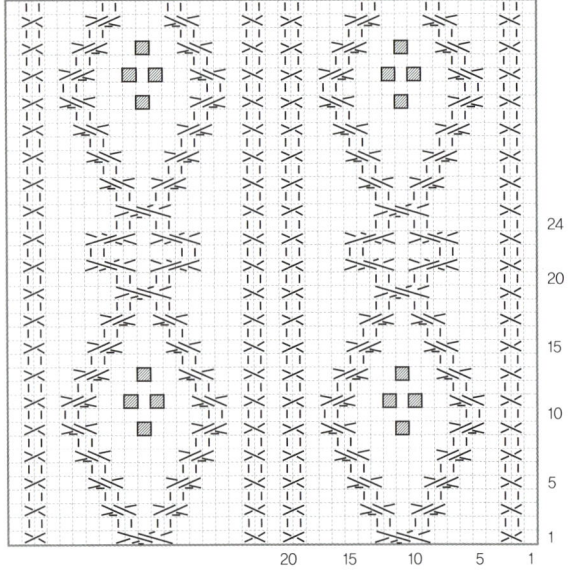

87 21코 16단 1무늬

$\square = -$

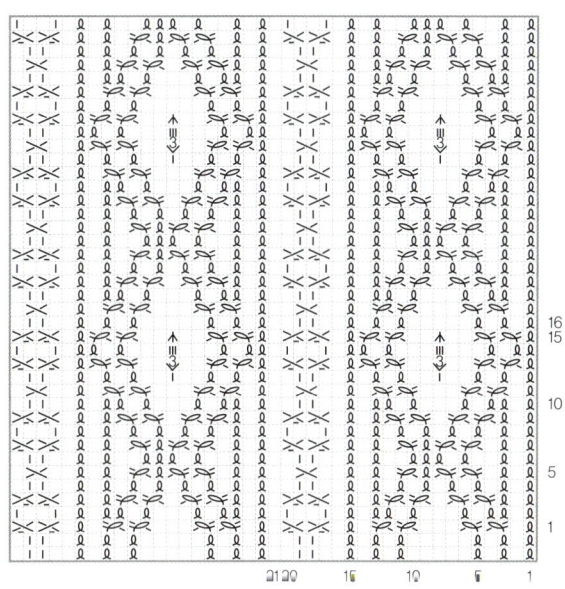

 88 8코 12단 1무늬

$\square = |$

89 22코 24단 1무늬

□ = ─

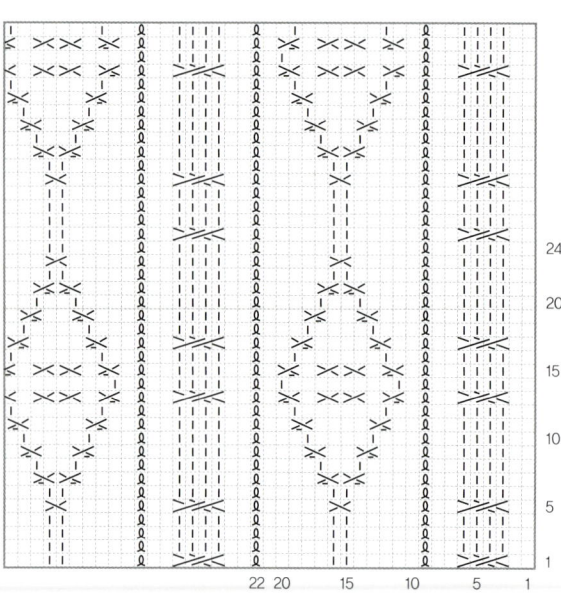

90 26코 24단 1무늬

□ = │

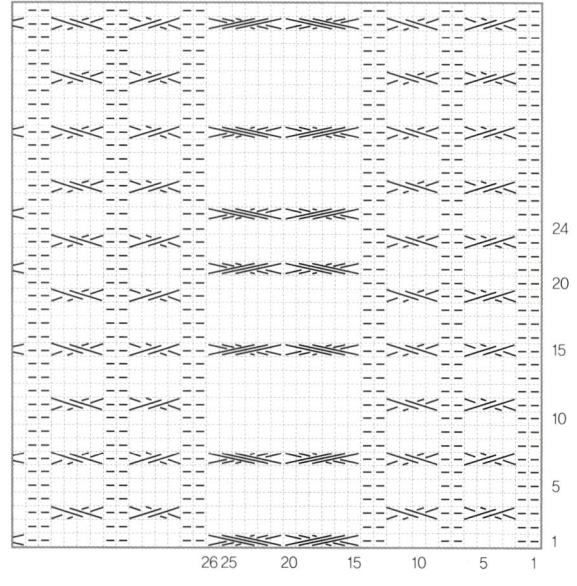

91 26코 28단 1무늬

□ = —

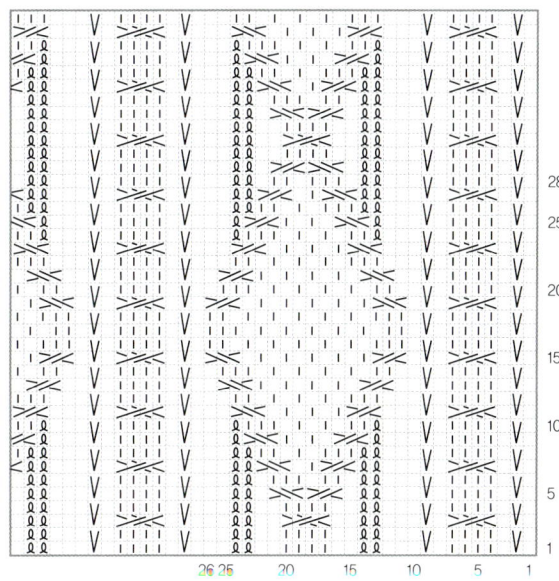

92 27코 14단 1무늬

□ = —

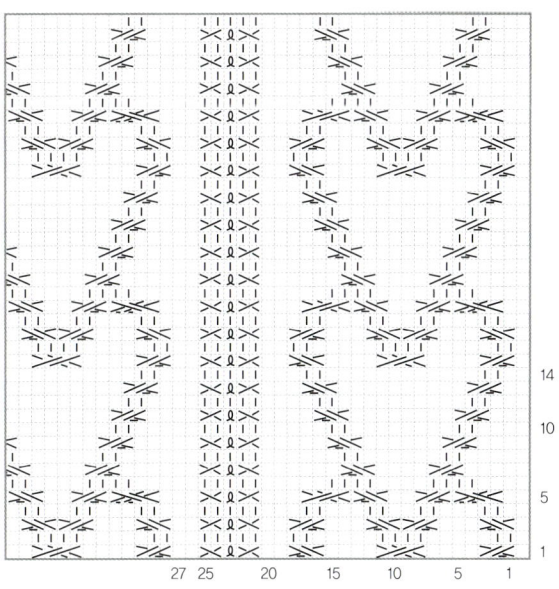

93 26코 16단 1무늬

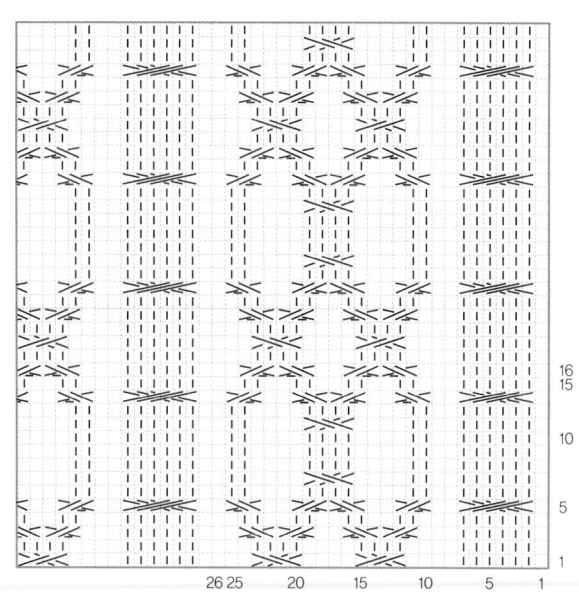

□ = —

94 35코 12단 1무늬

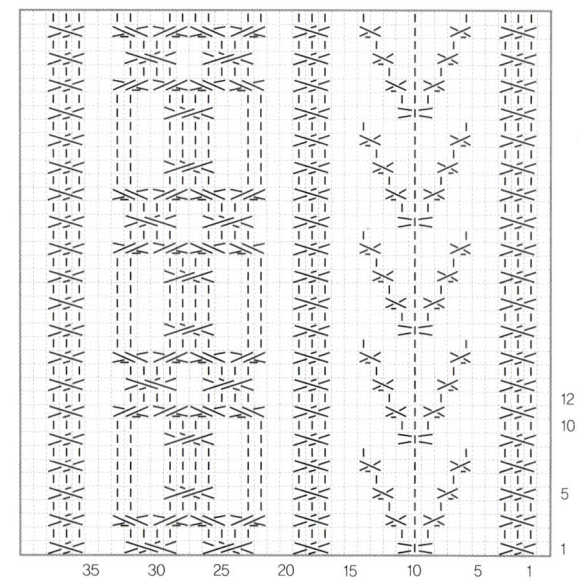

□ = —

95 14코 32단 1무늬

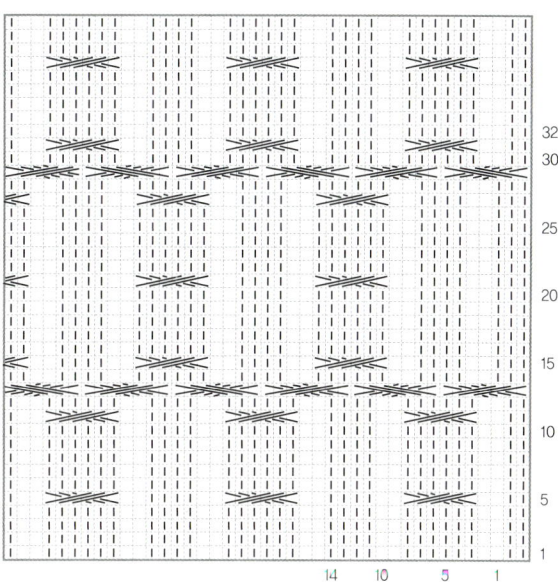

96 32코 32단 1무늬

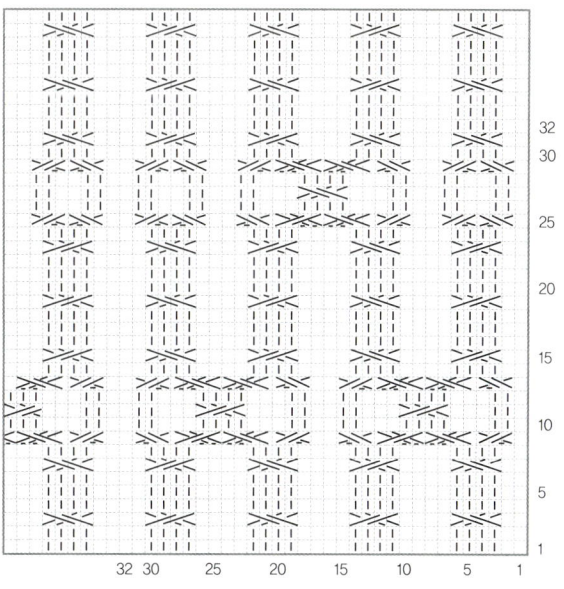

97 18코 28단 1무늬

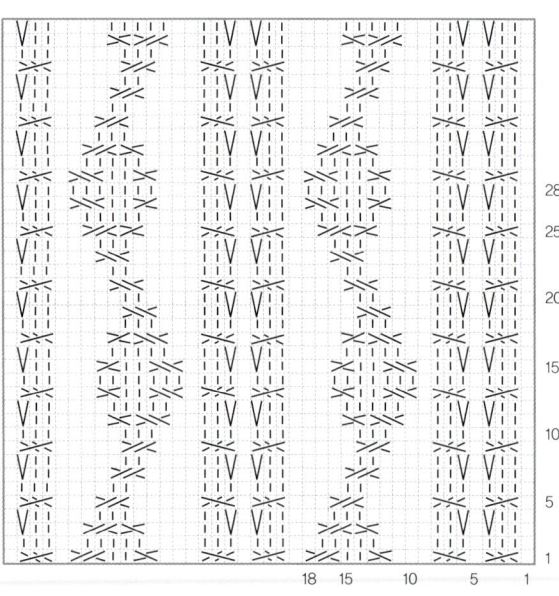

□ = −

98 21코 26단 1무늬

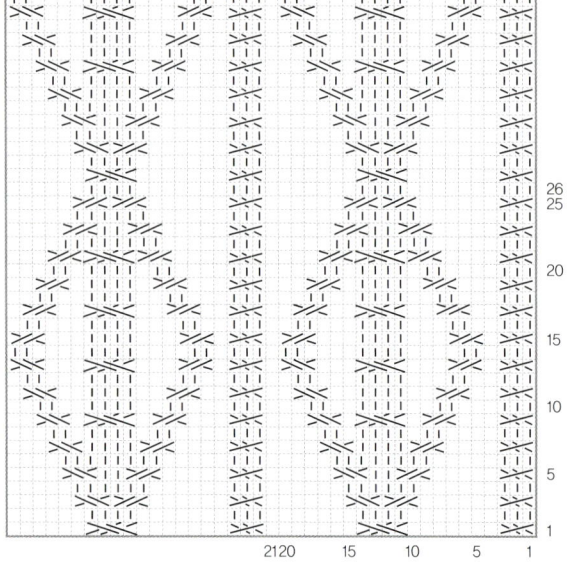

□ = −

99 20코 16단 1무늬

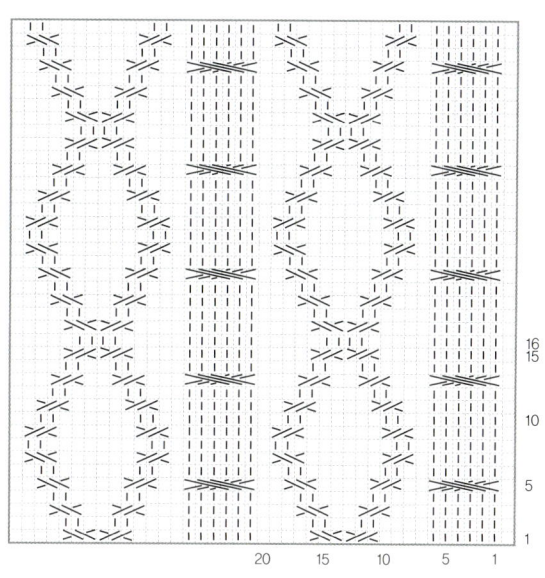

100 41코 20단 1무늬

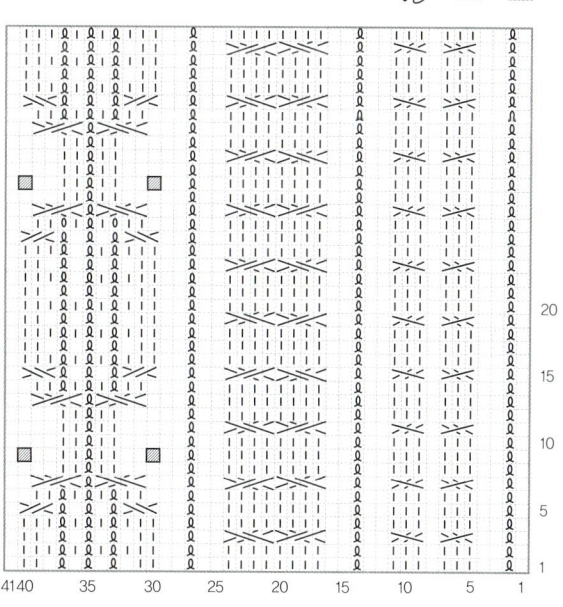

101 32코 20단 1무늬

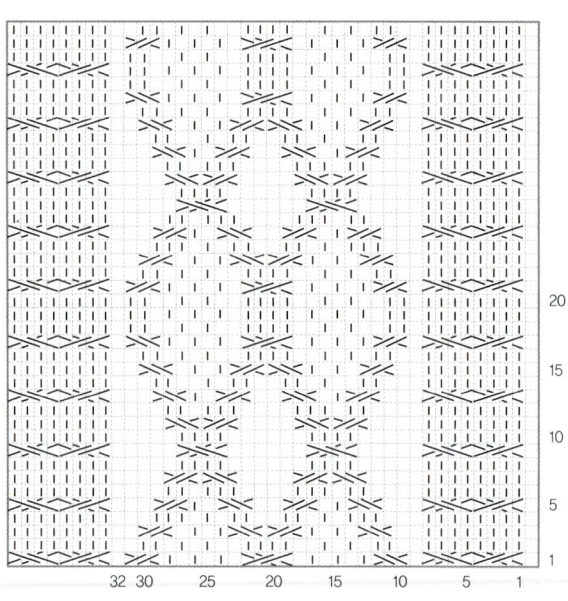

□ = −

102 16코 44단 1무늬

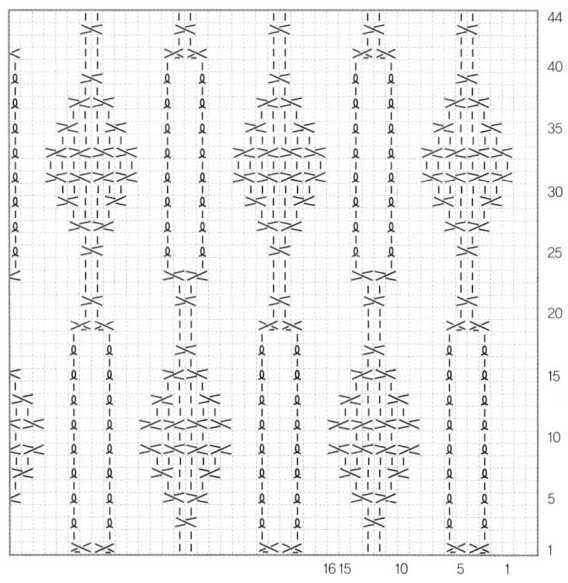

□ = −

68

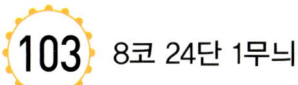

103 8코 24단 1무늬

$\square = -$

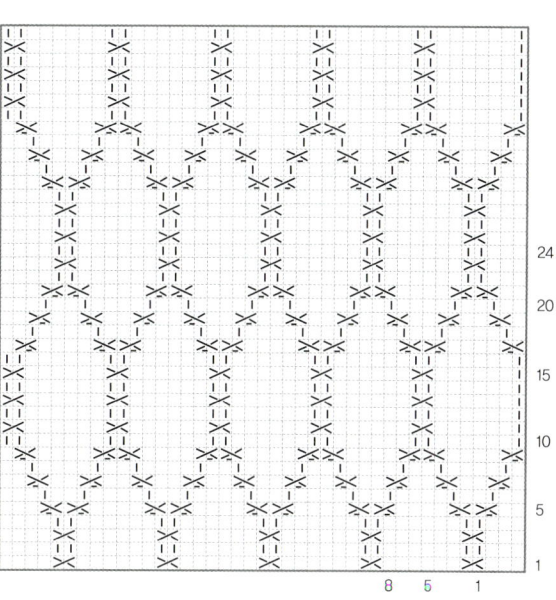

104 32코 24단 1무늬

$\square = -$

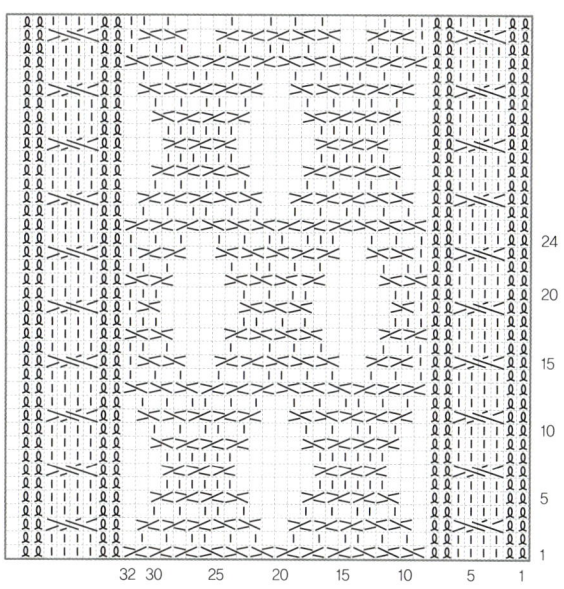

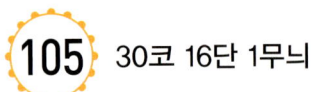

105 30코 16단 1무늬

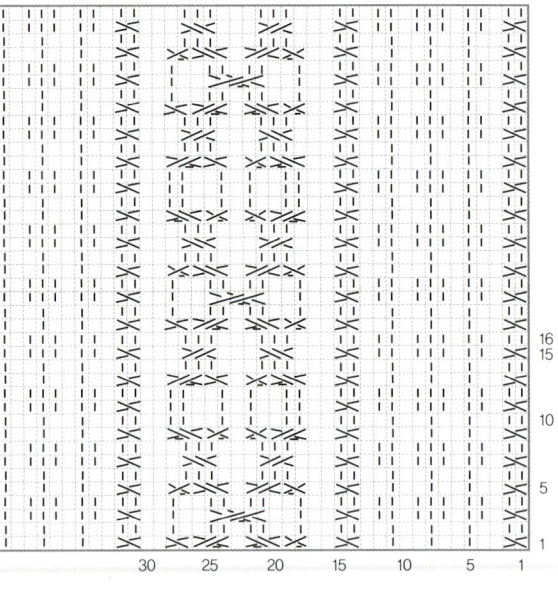

□ = ─

106 25코 16단 1무늬

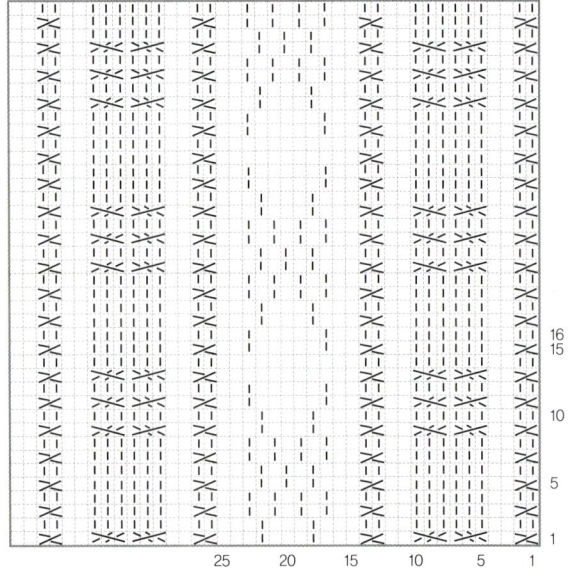

□ = ─

107 16코 32단 1무늬

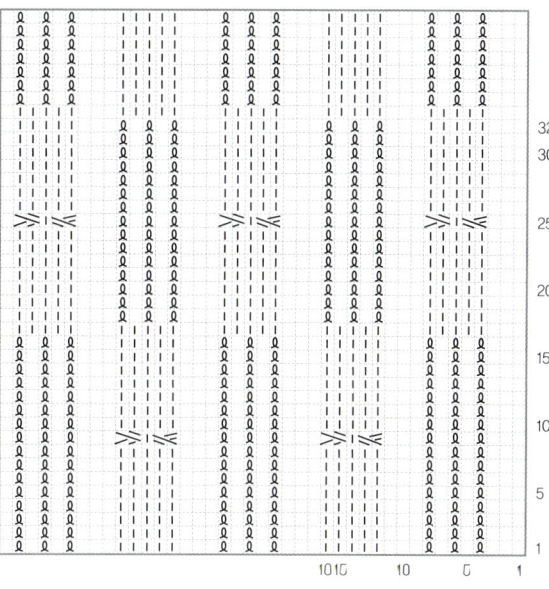

108 24코 32단 1무늬

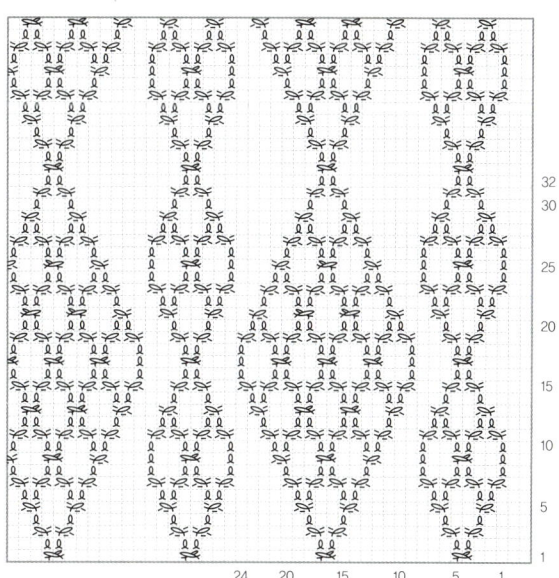

109 10코 32단 1무늬

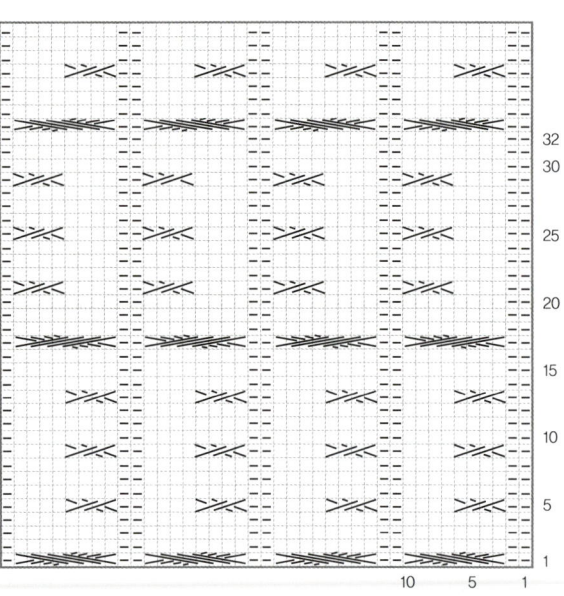

110 26코 36단 1무늬

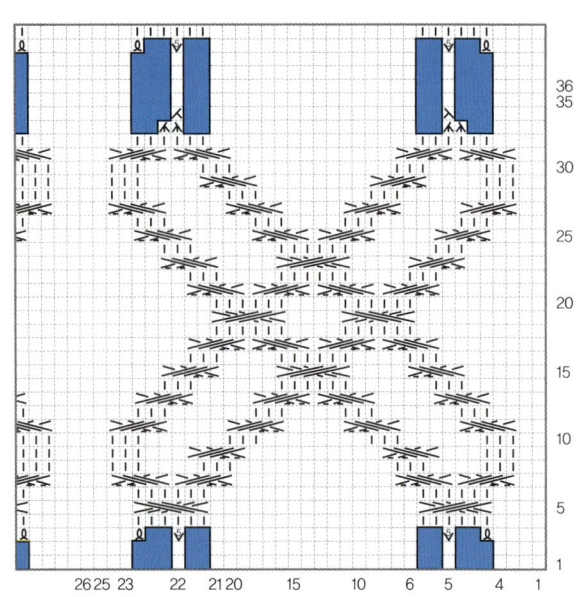

111 28코 16단 1무늬

$\square = \boxed{-}$

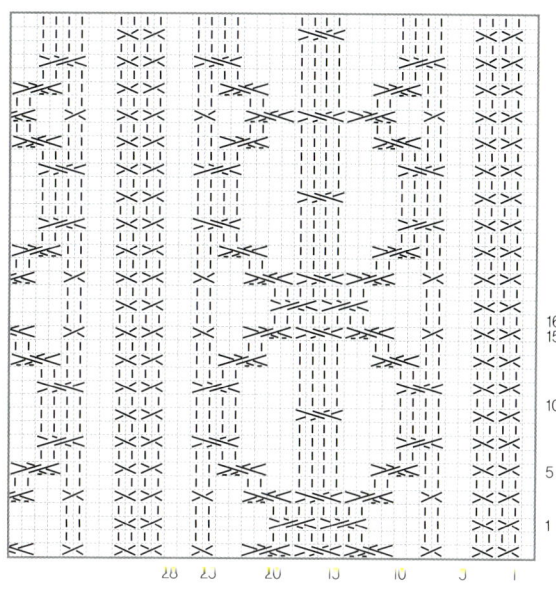

112 34코 38단 1무늬

$\square = \boxed{|}$

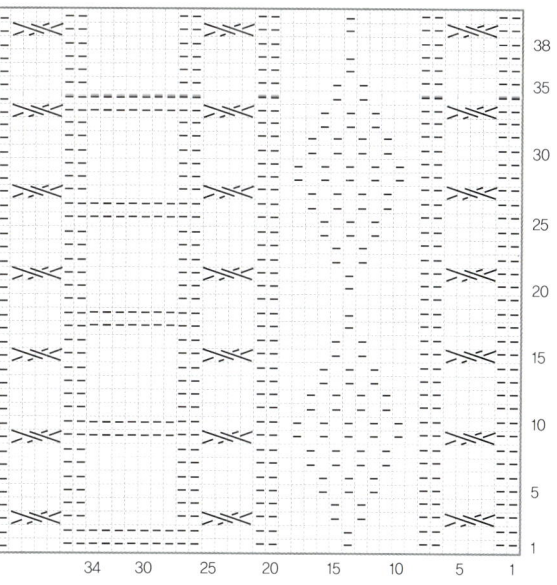

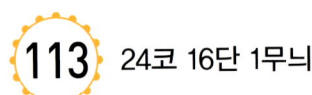

113 24코 16단 1무늬

$\square = |$

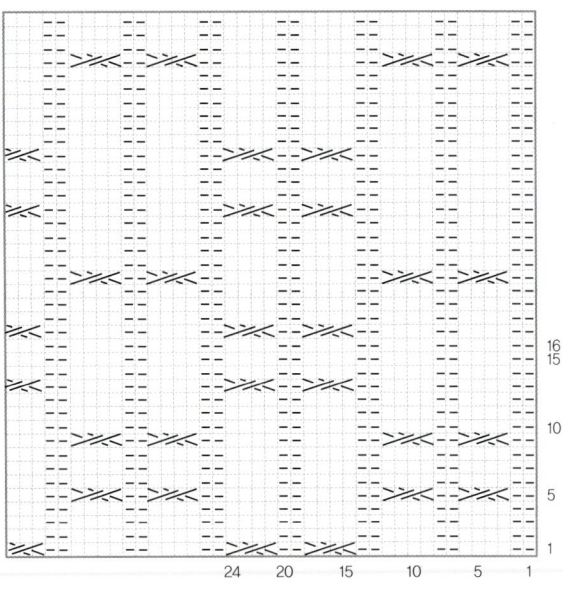

114 20코 36단 1무늬

$\square = |$

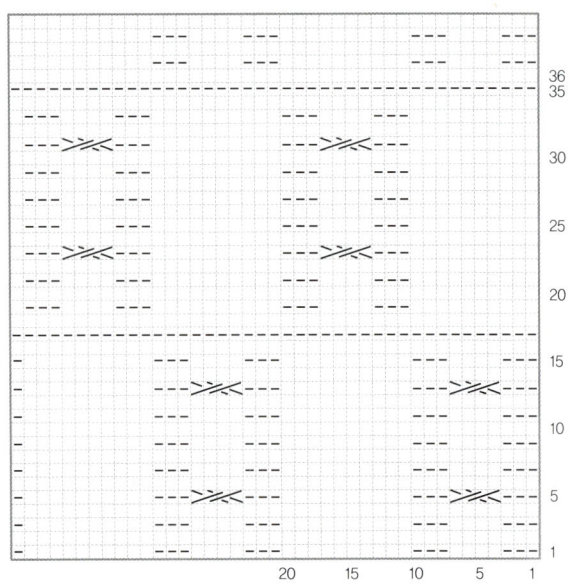

115 20코 36단 1무늬

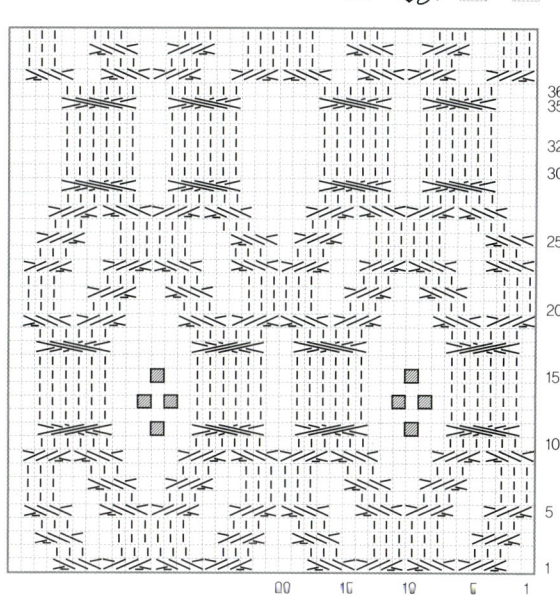

116 22코 24단 1무늬

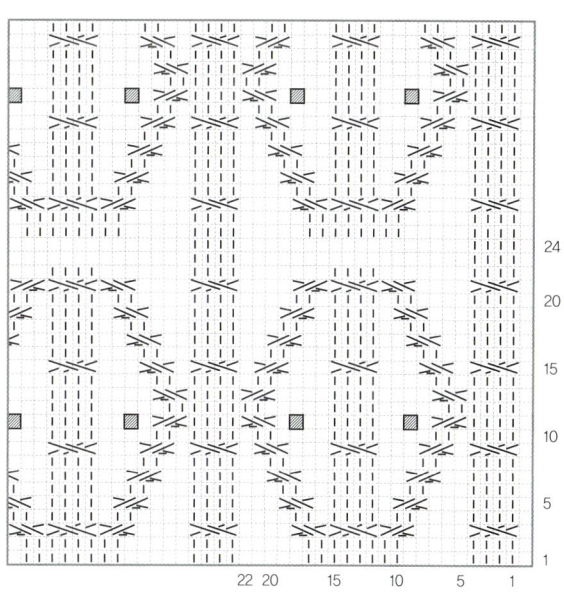

117 18코 14단 1무늬

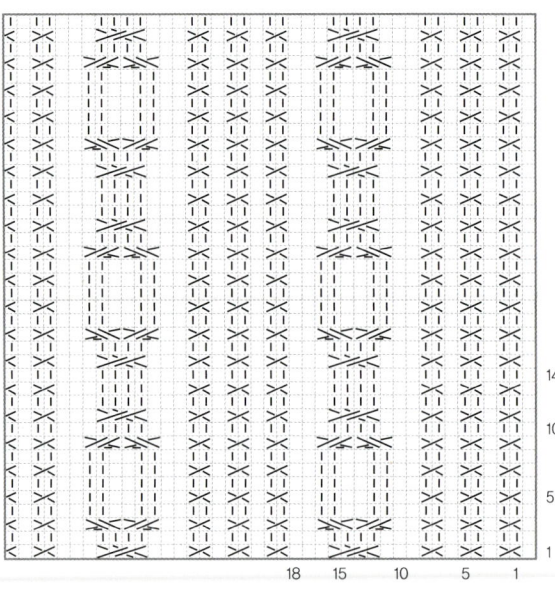

$\square = \boxed{-}$

118 30코 40단 1무늬

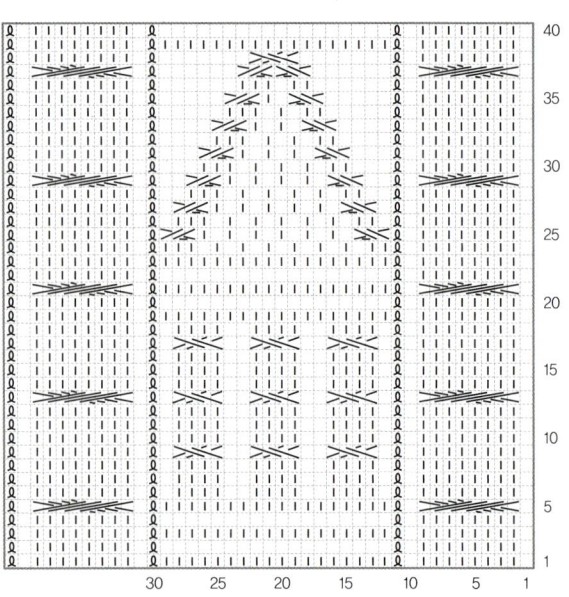

$\square = \boxed{-}$

119 28코 8단 1무늬

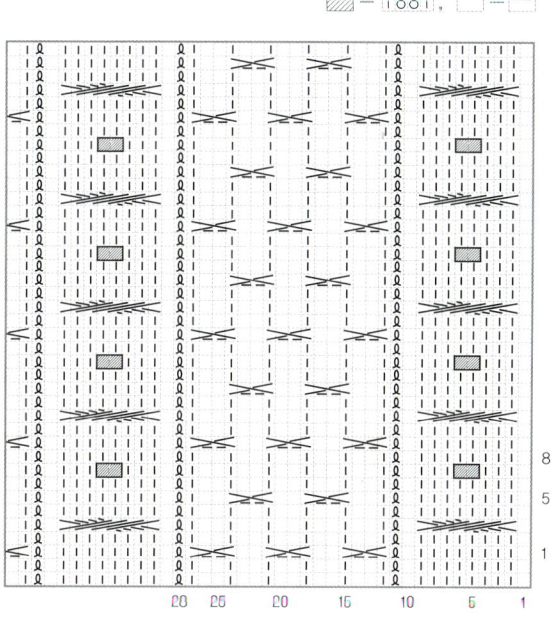

120 10코 24단 1무늬

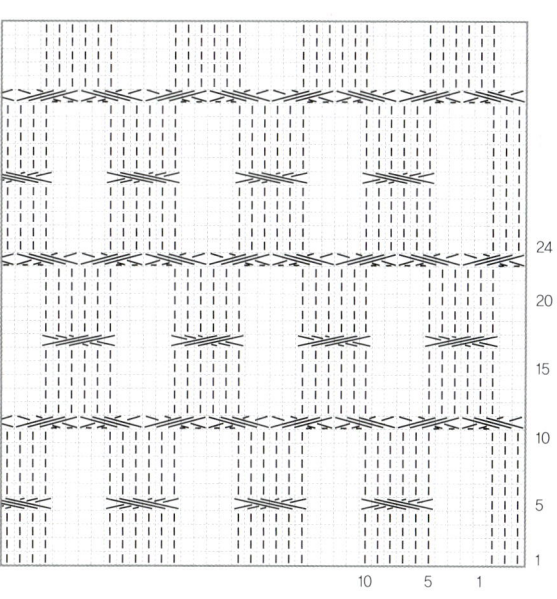

121 8코 8단 1무늬

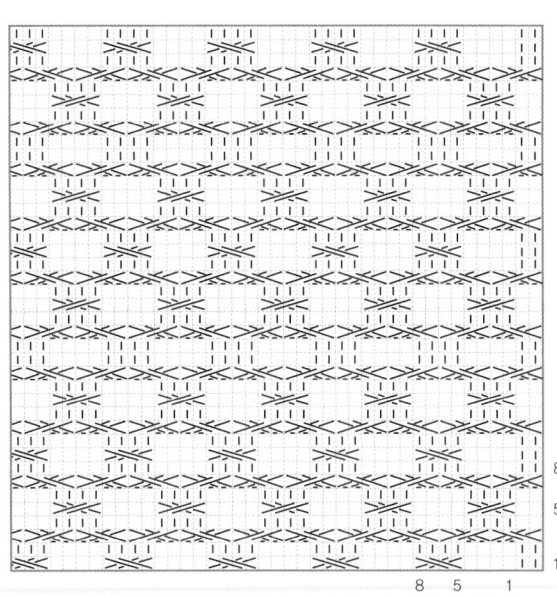

122 25코 24단 1무늬

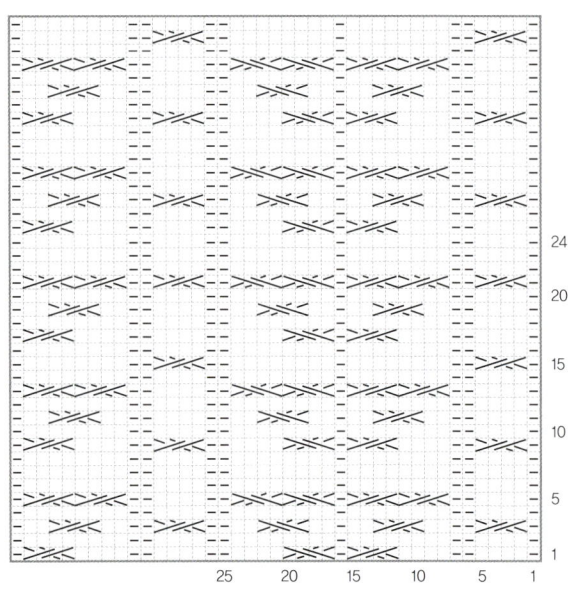

123 25코 24단 1무늬

□ = ─

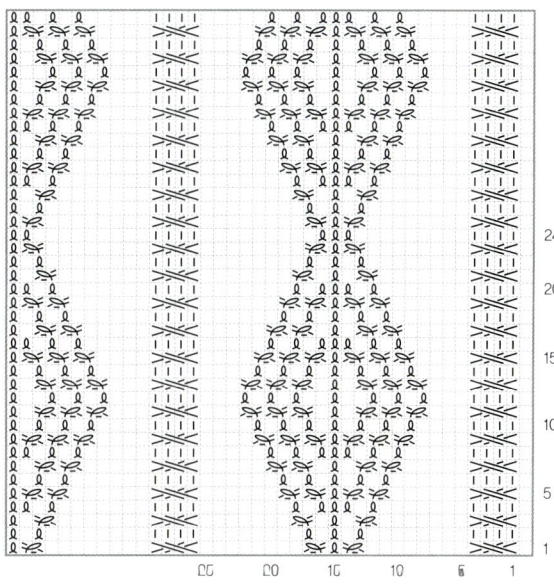

124 40코 24단 1무늬

□ = ─

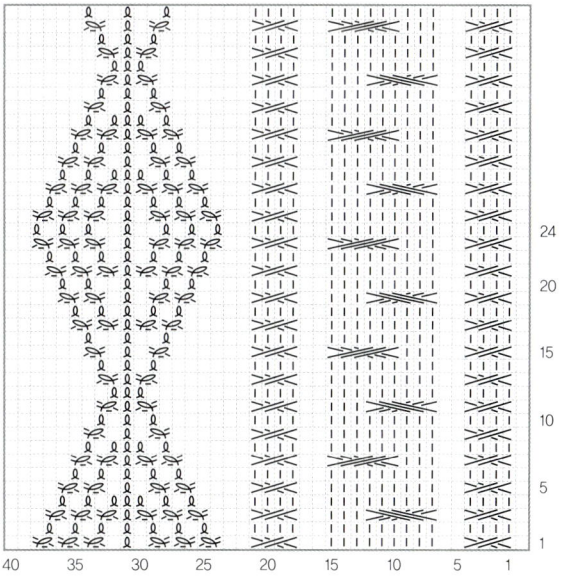

125 37코 38단 1무늬

□ = ―

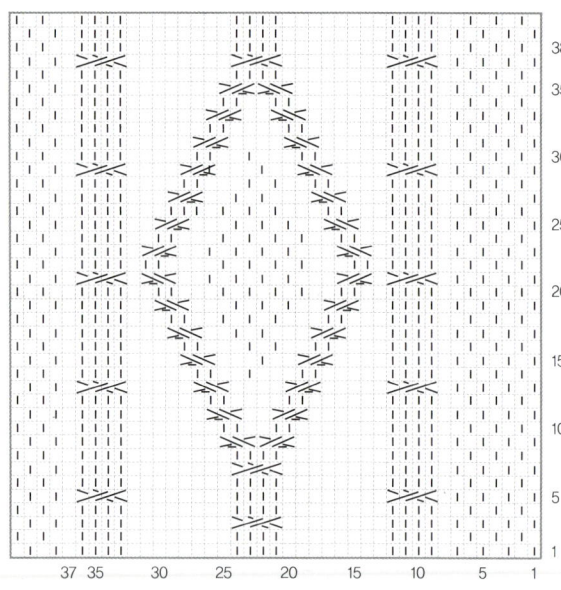

126 29코 8단 1무늬

□ = ―

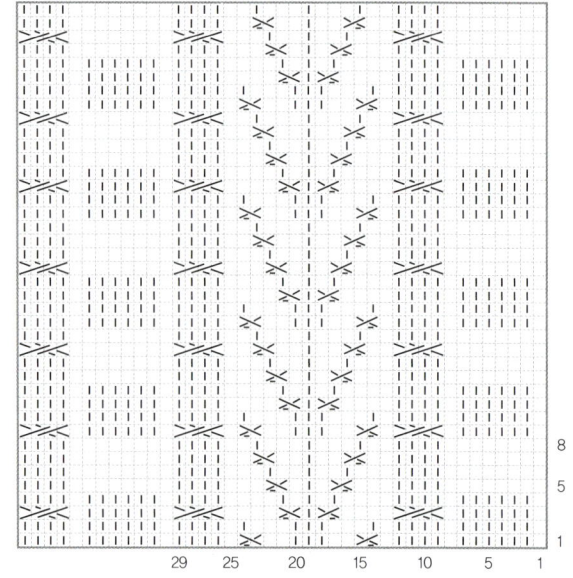

127 25코 20단 1무늬

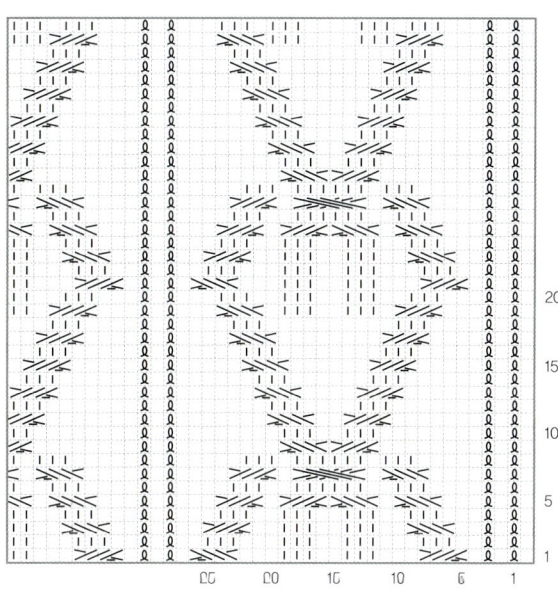

128 40코 16단 1무늬

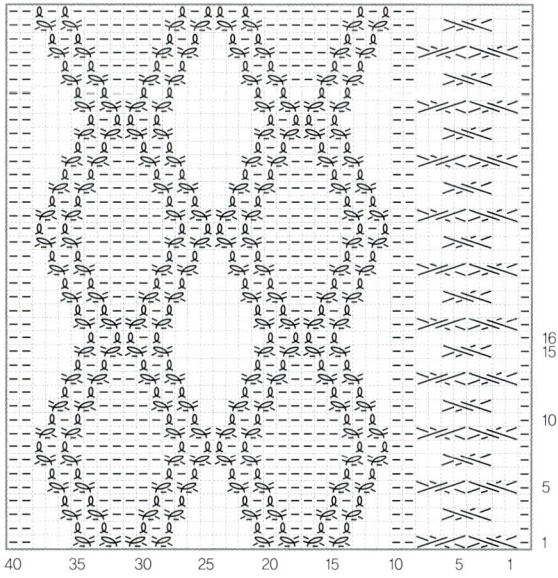

129 4코 24단 1무늬

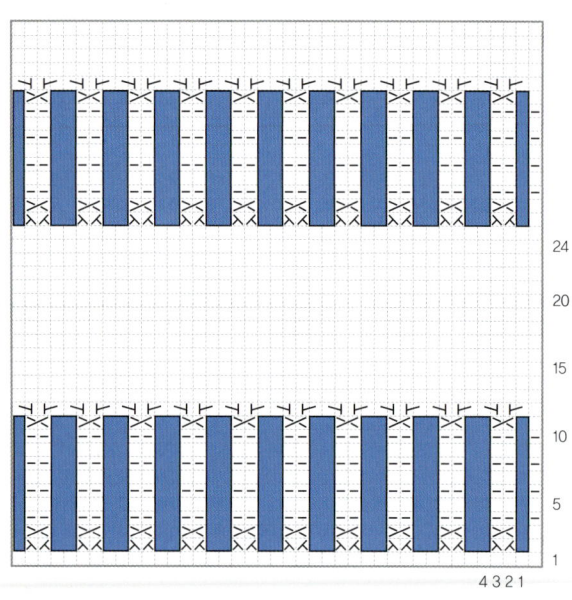

130 43코 44단 1무늬

131 43코 44단 1무늬

132 43코 44단 1무늬

133 13코 42단 1무늬

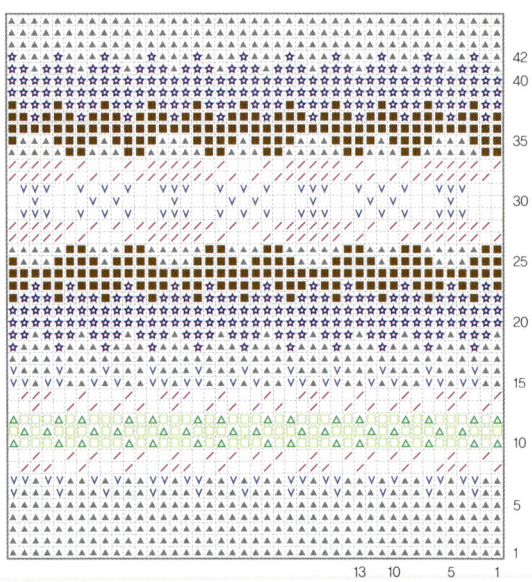

134 24코 38단 1무늬

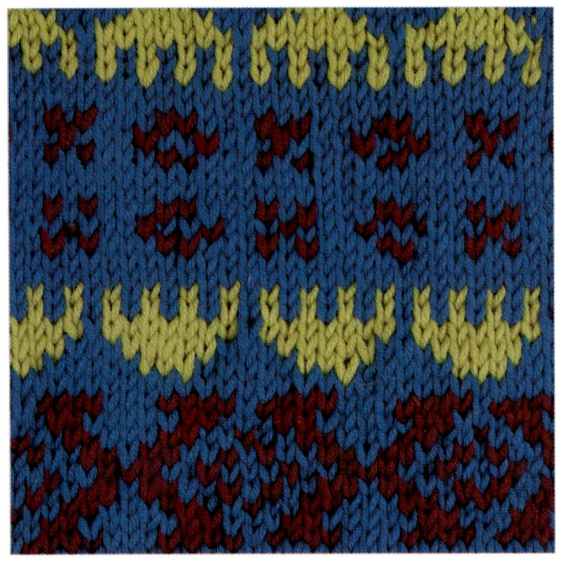

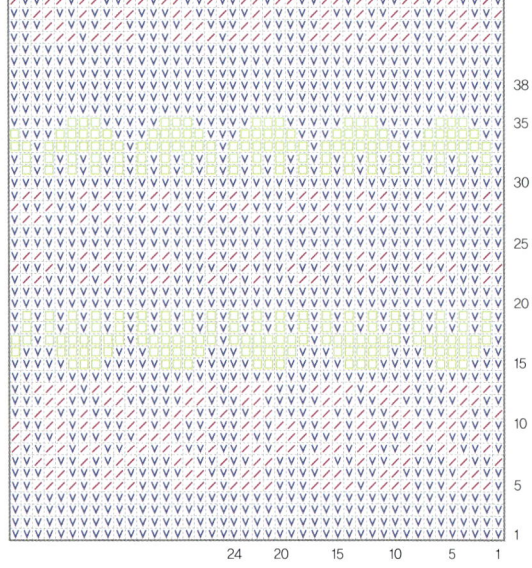

135 24코 30단 1무늬

136 18코 40단 1무늬

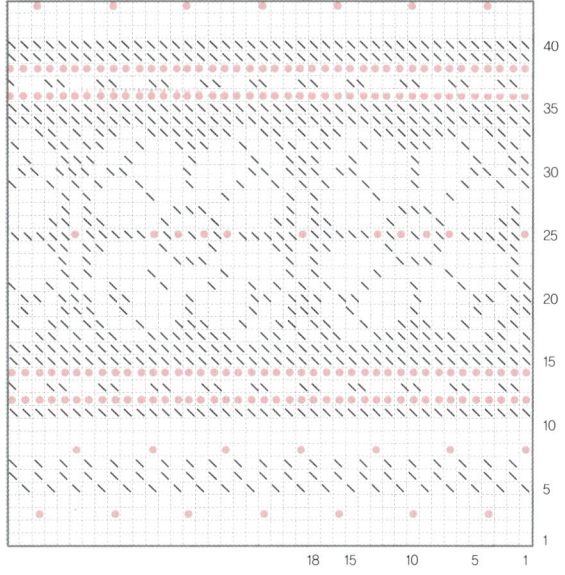

137 26코 48단 1무늬

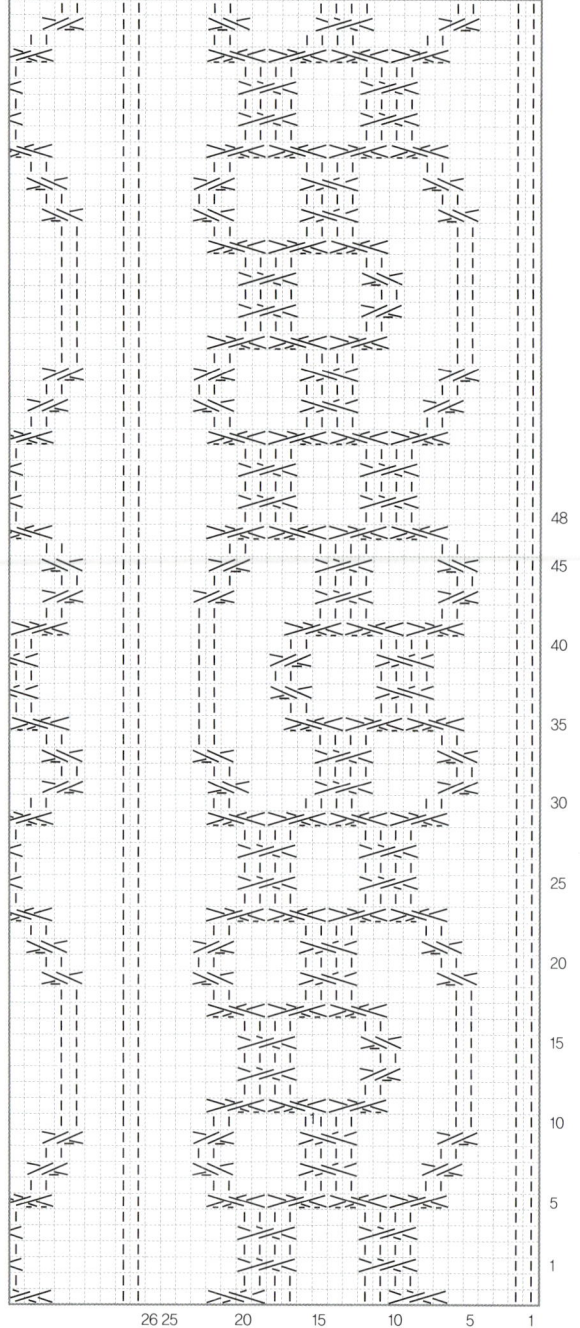

138 34코 48단 1무늬

139 18코 64단 1무늬

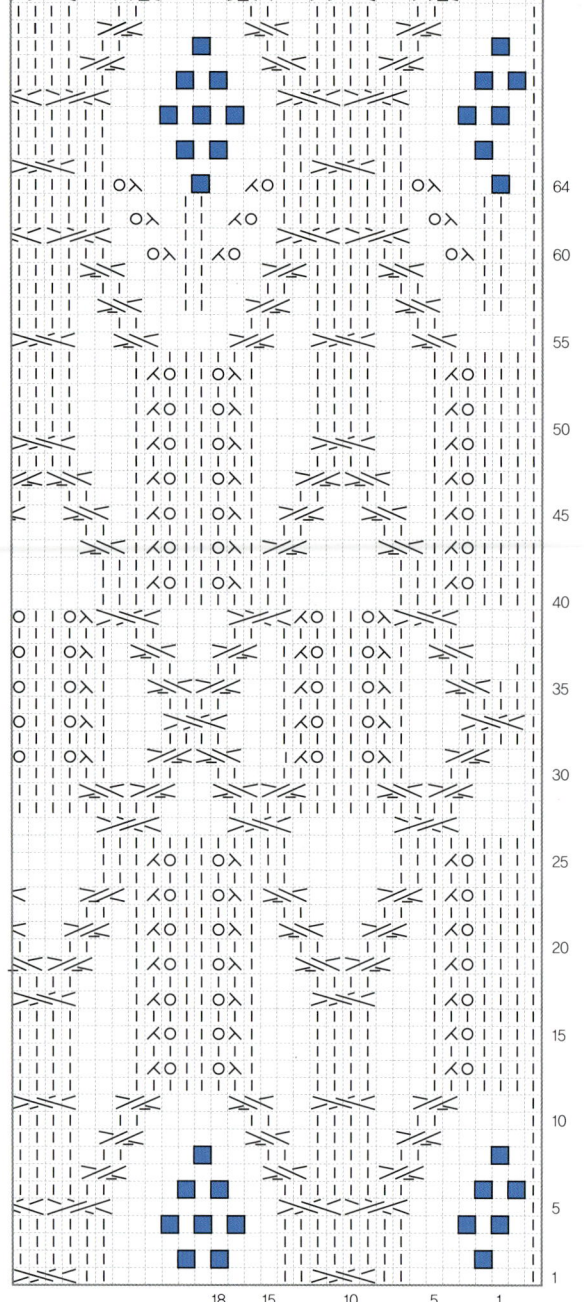

140 12코 54단 1무늬

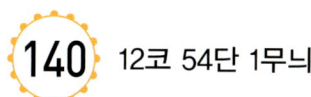

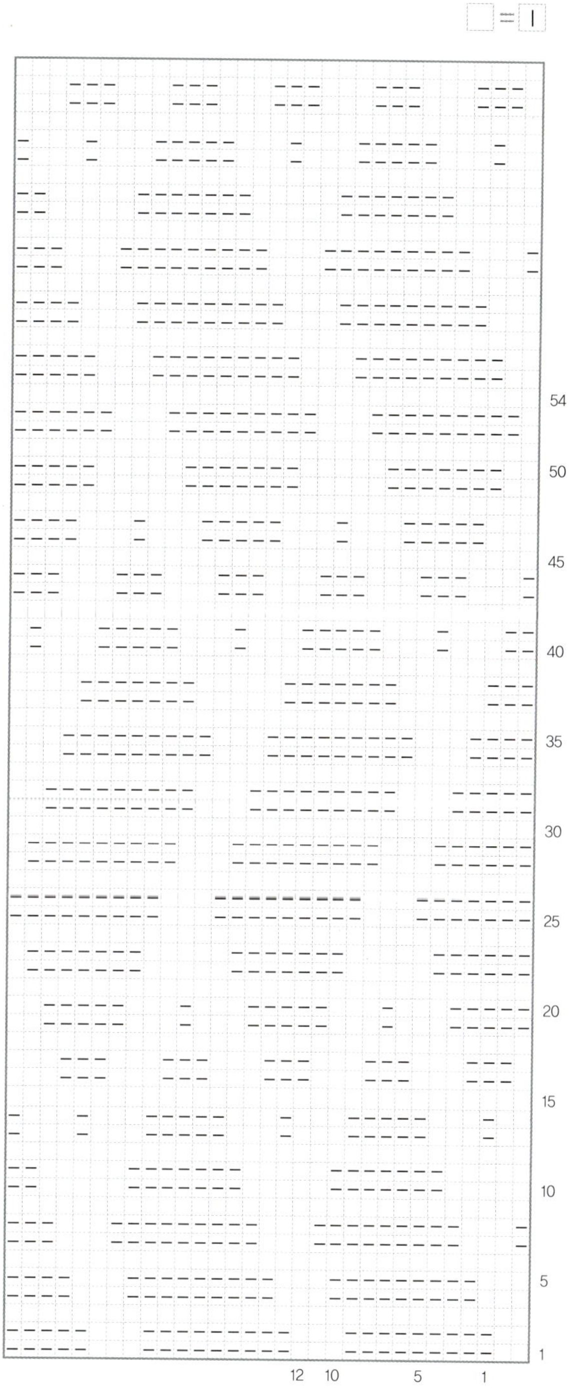

☐ = │

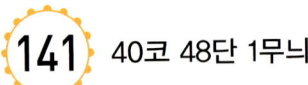

141 40코 48단 1무늬

$\square = |$

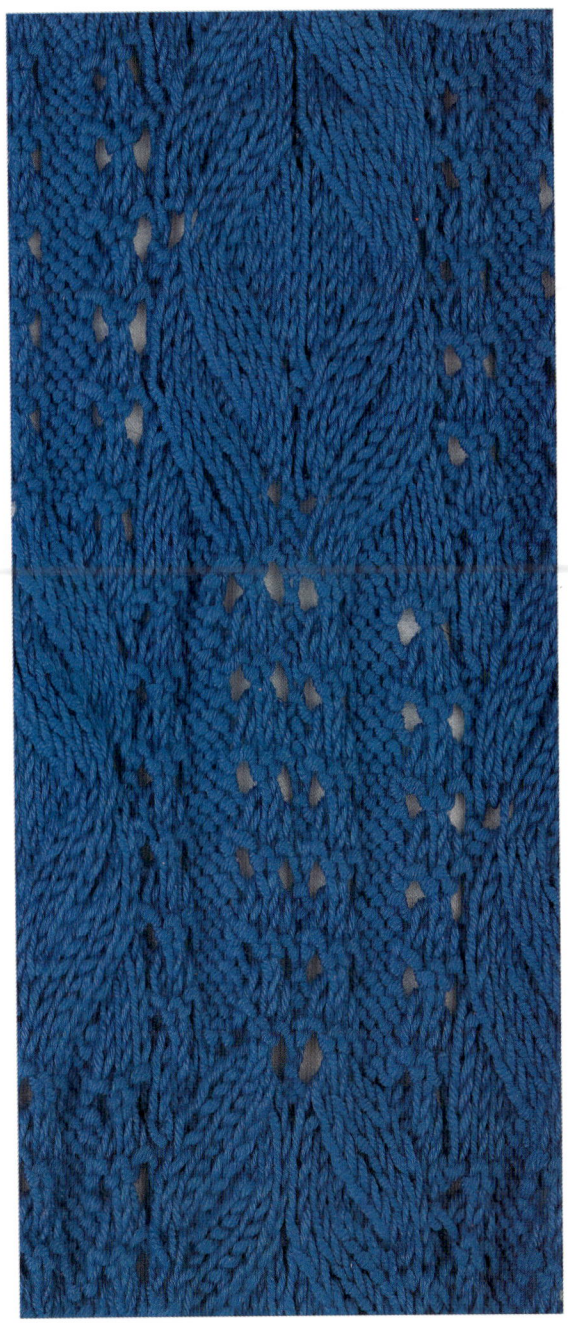

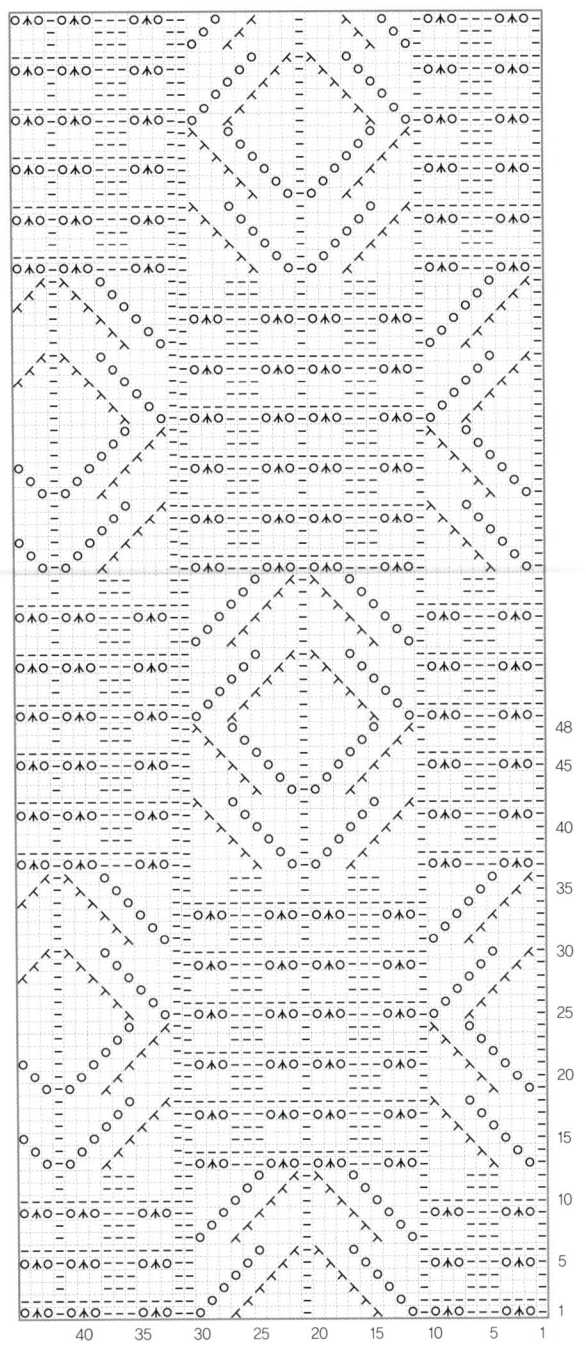

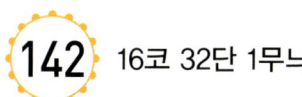

142　16코 32단 1무늬

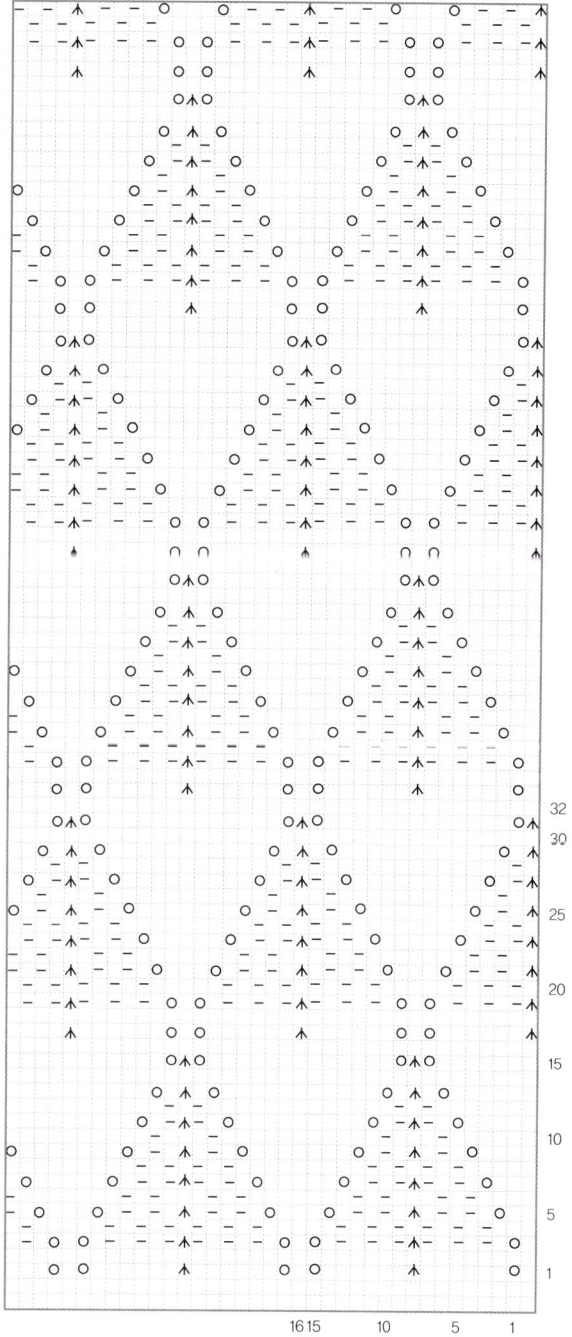

143 47코 14단 1무늬

$\square = \boxed{-}$

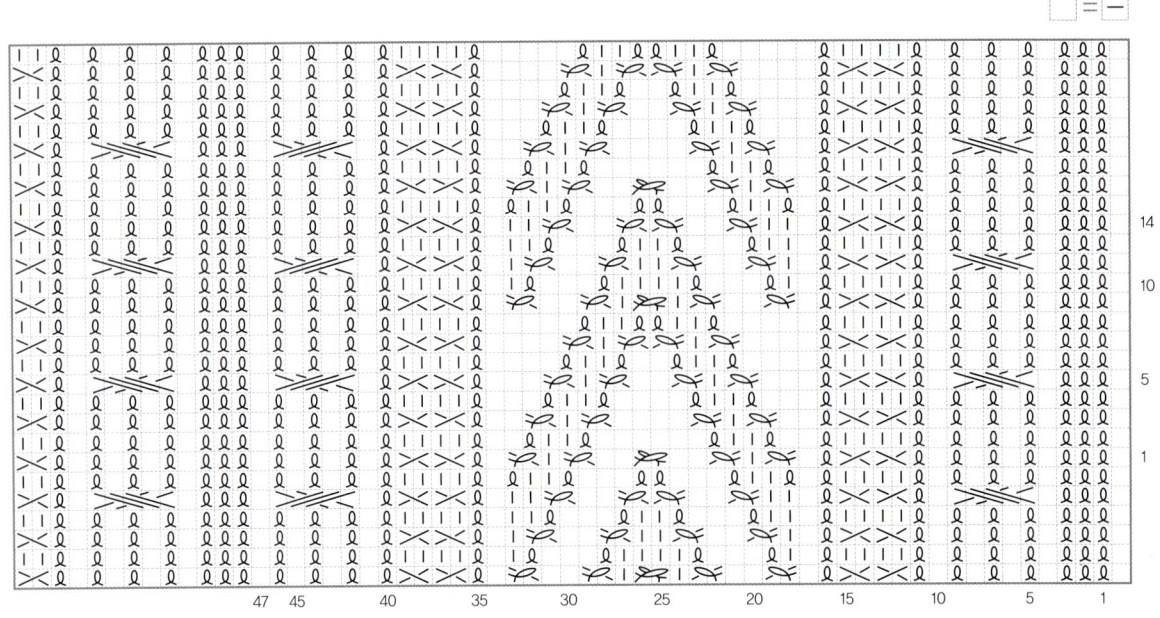

47 45   40   35   30   25   20   15   10   5   1

14

10

5

1

144 50코 28단 1무늬

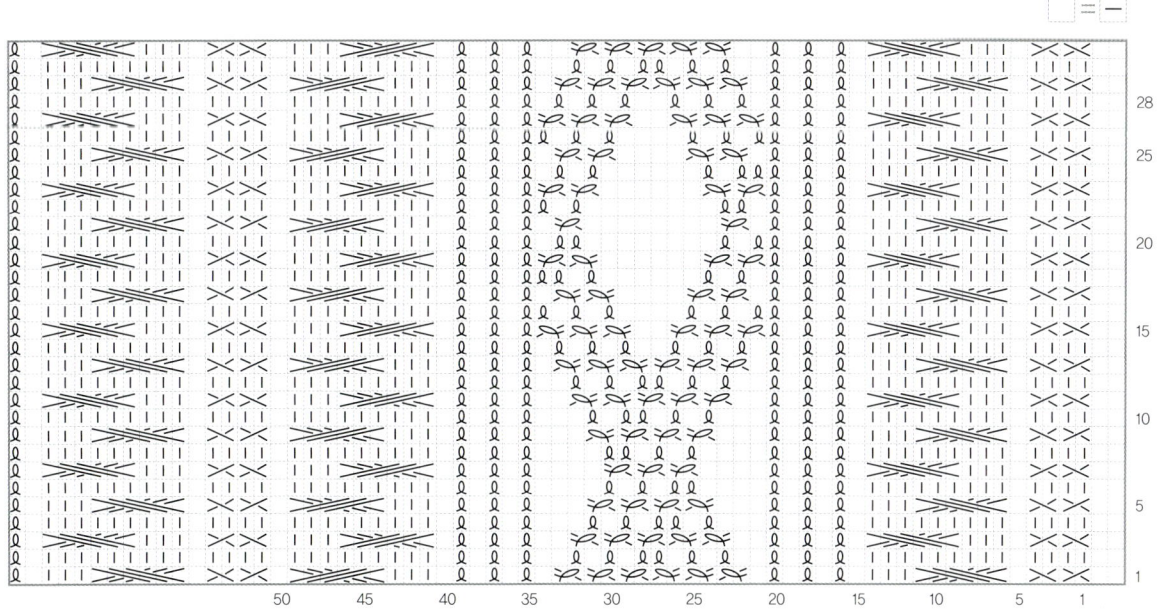

145 54코 38단 1무늬

$\square = -$

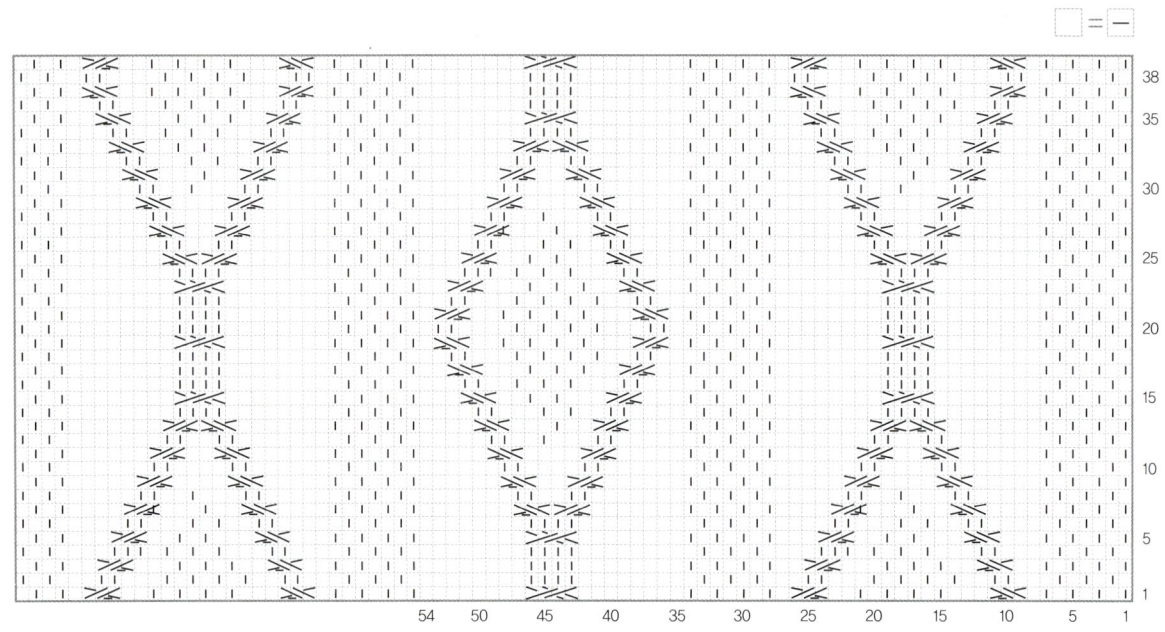

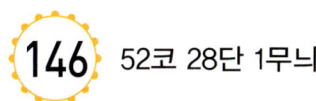

146 52코 28단 1무늬

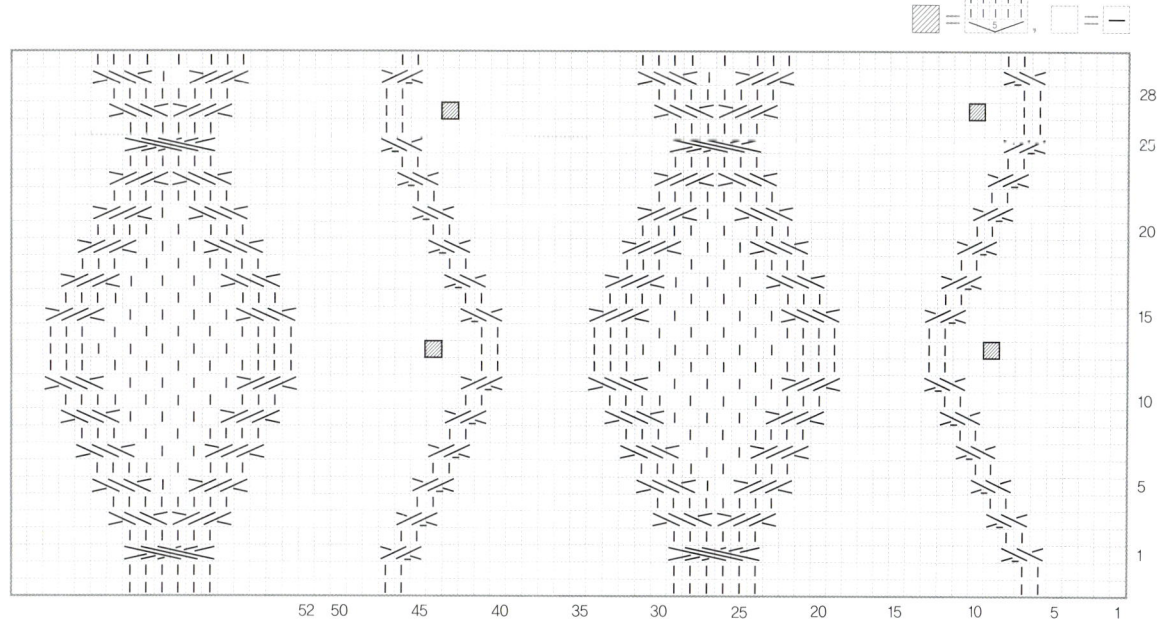

147 50코 10단 1무늬

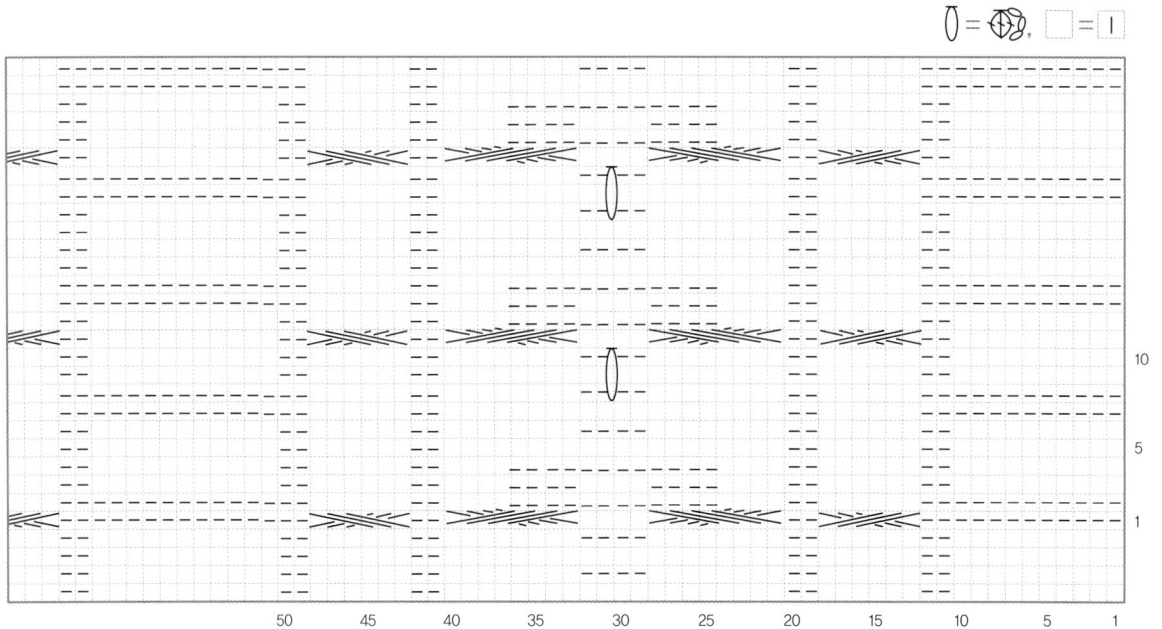

148 48코 32단 1무늬

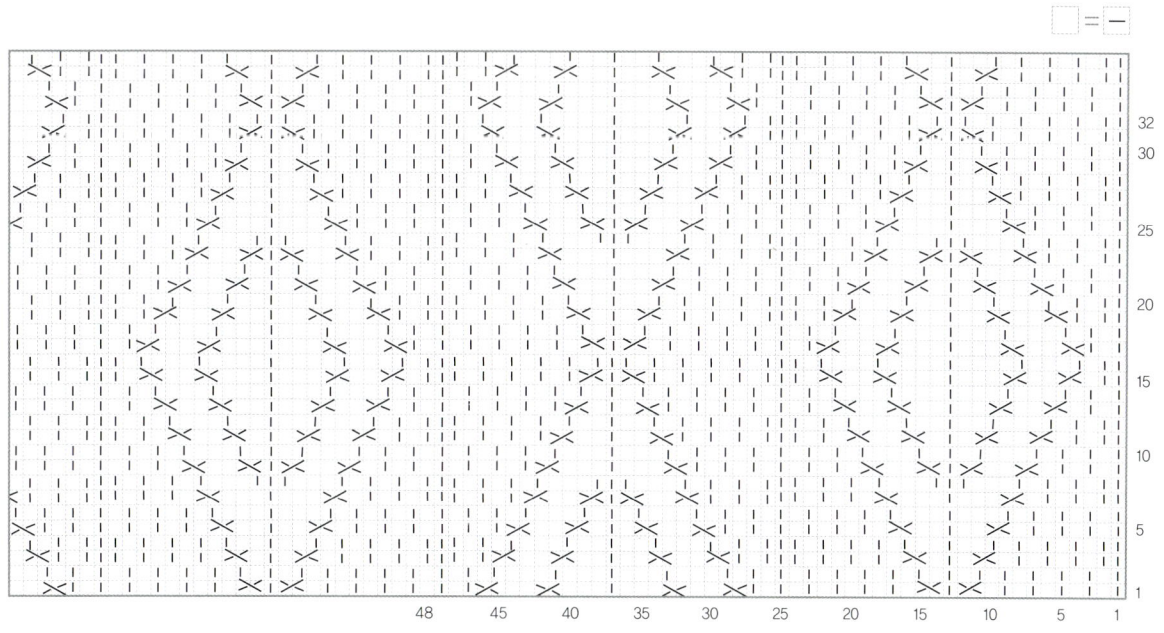

149 52코 16단 1무늬

☐ = —

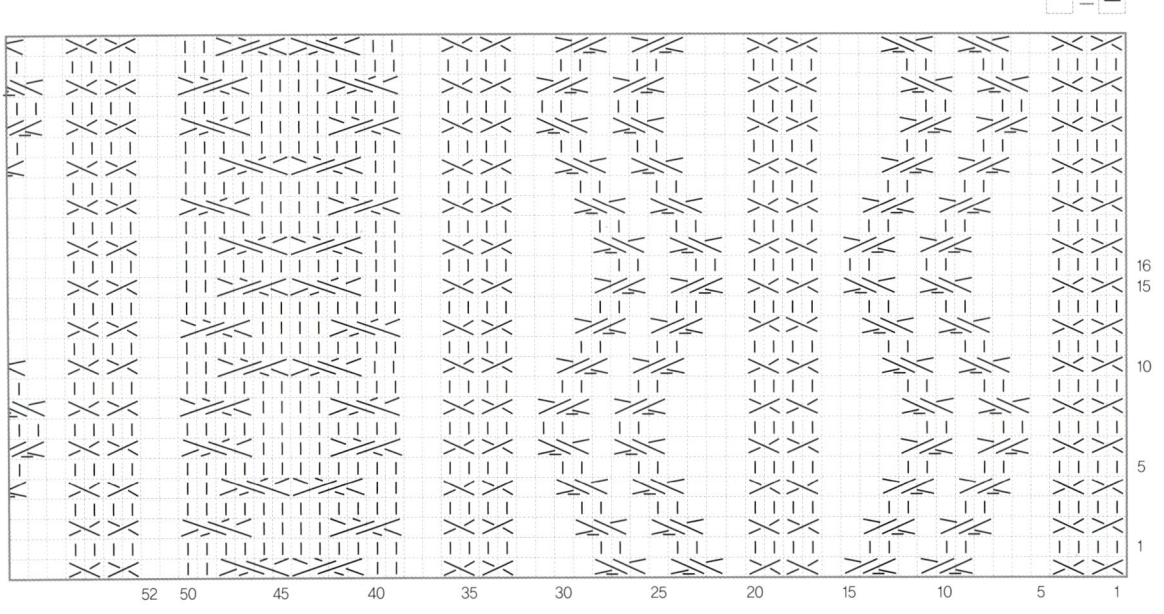

52 50   45   40   35   30   25   20   15   10   5   1

16
15

10

5

1

150 53코 22단 1무늬

☐ = |

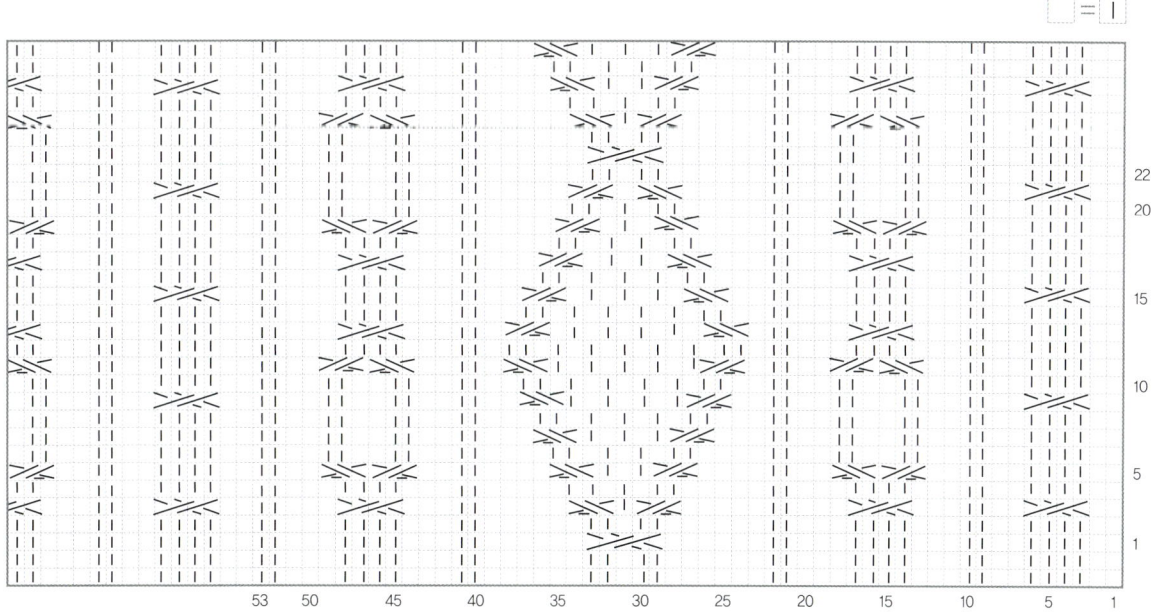

{151} 54코 16단 1무늬

$\square = \boxed{-}$

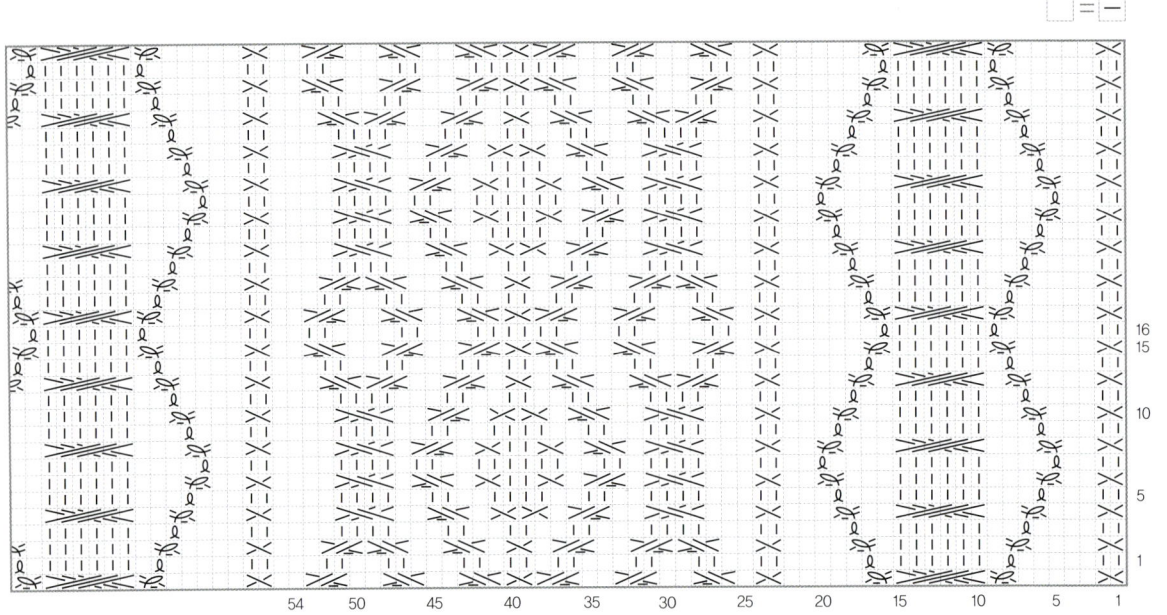

152 21코(36코) 16단 1무늬

= 빈칸

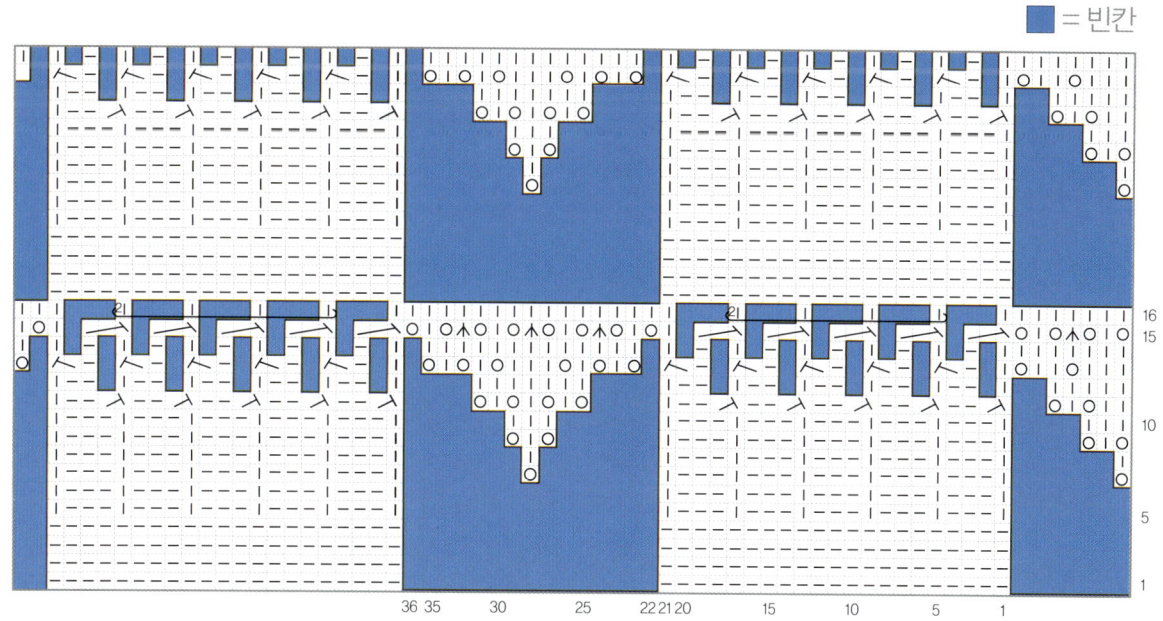

□ = ─

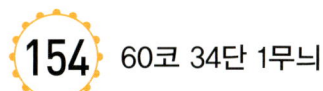

154 60코 34단 1무늬

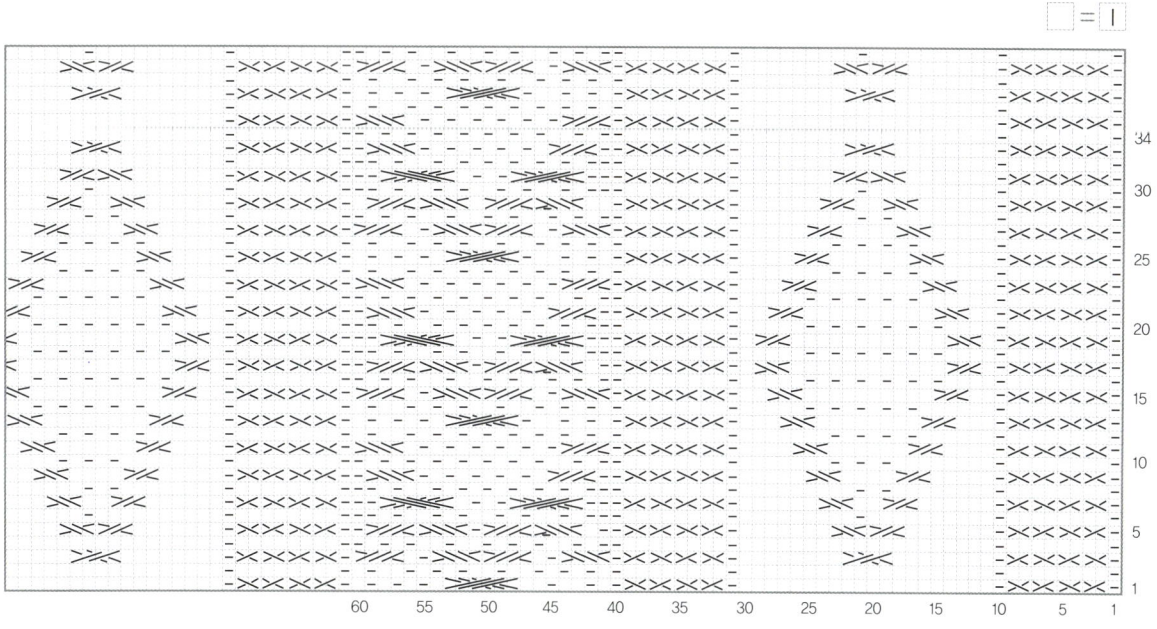

155 64코 20단 1무늬

$\square = \boxed{-}$

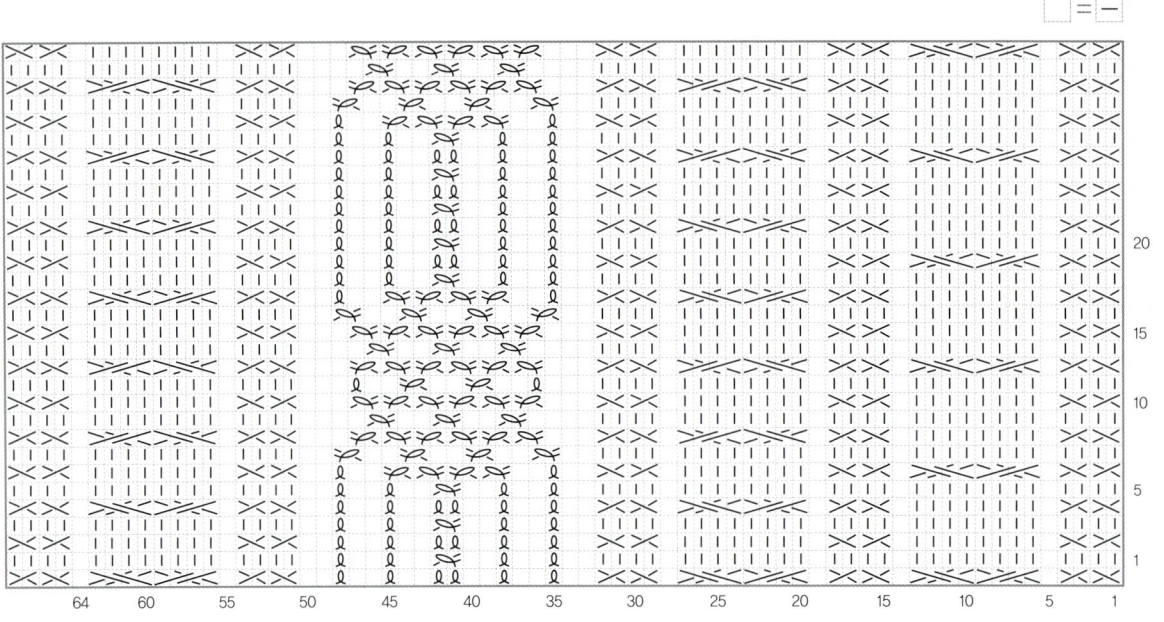

{156} 98코 28단 1무늬

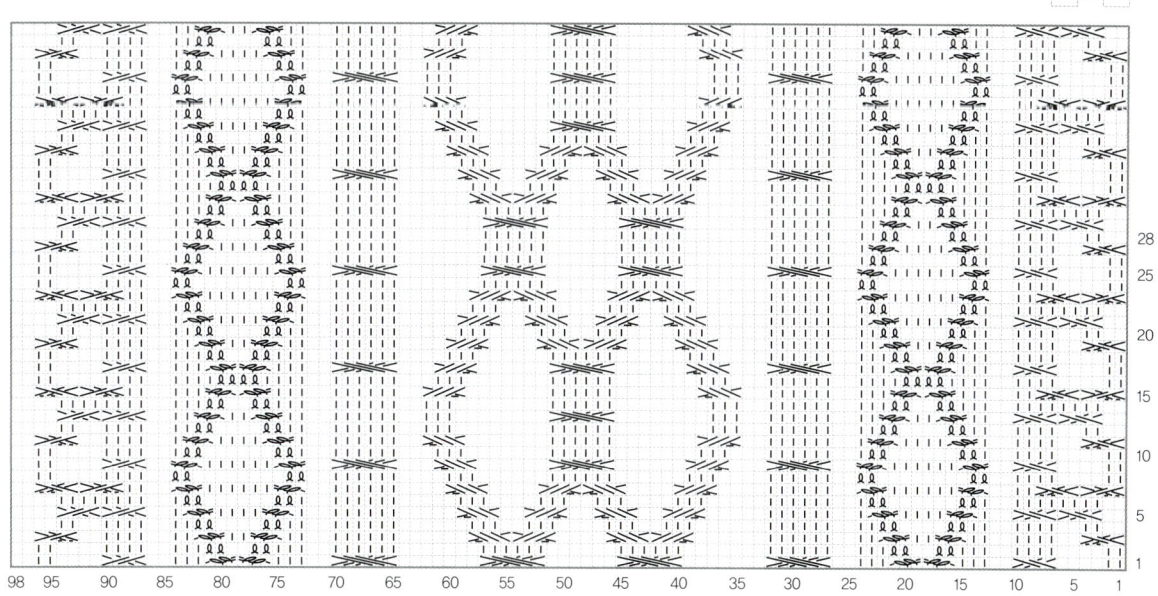

157 › 67코 24단 1무늬

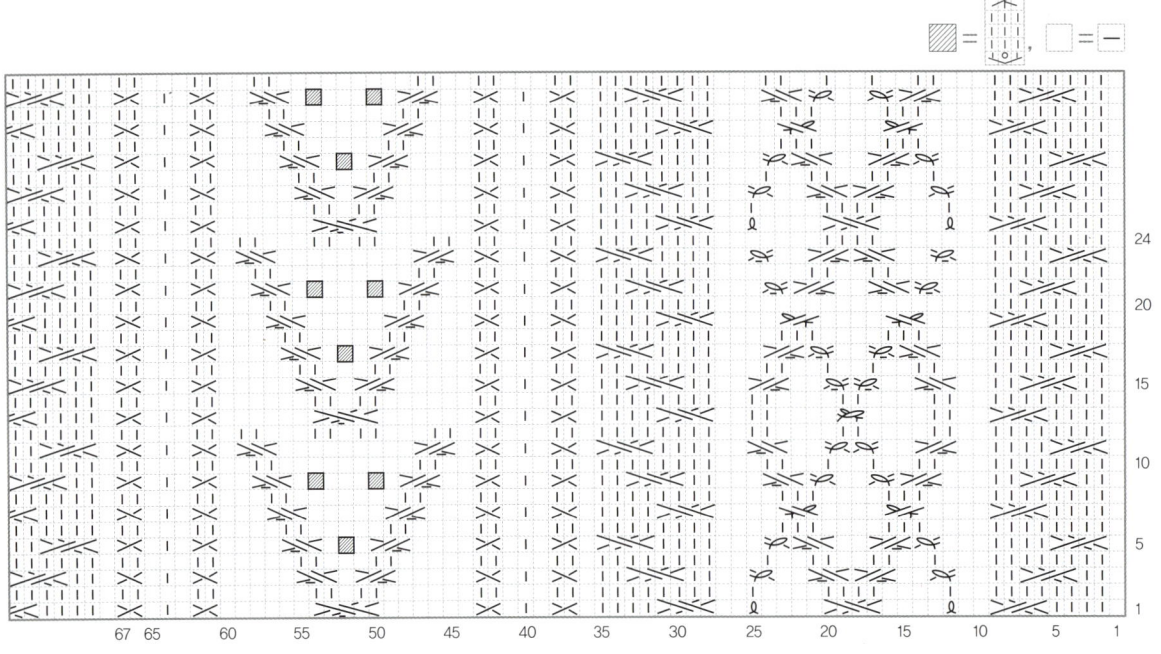

67 65   60   55   50   45   40   35   30   25   20   15   10   5   1

24

20

15

10

5

1

158 71코 16단 1무늬

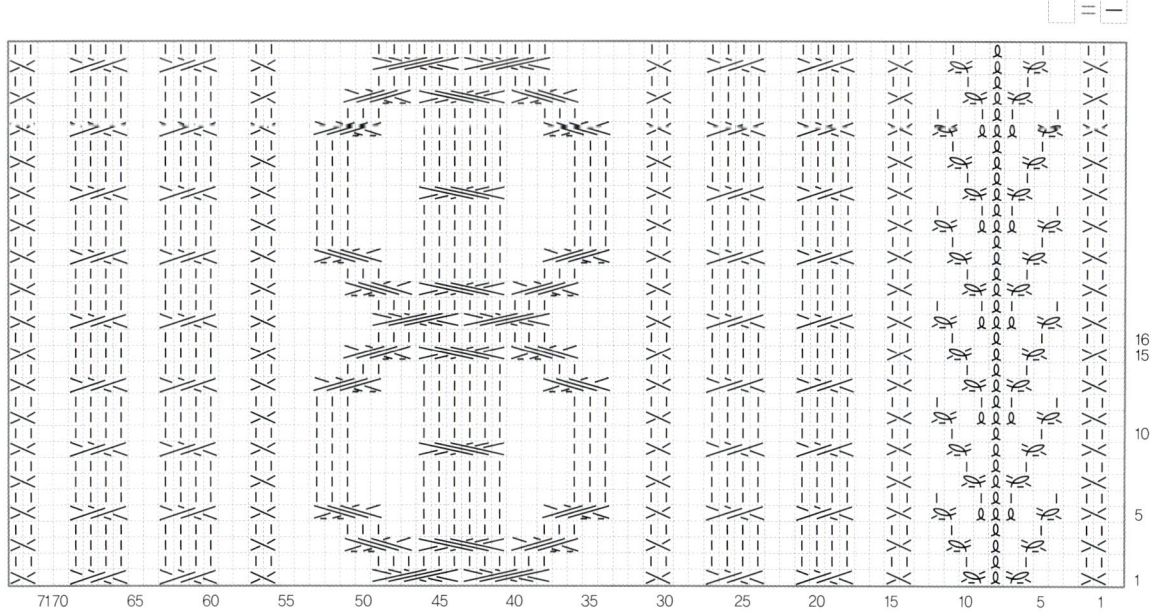

159   52코 16단 1무늬

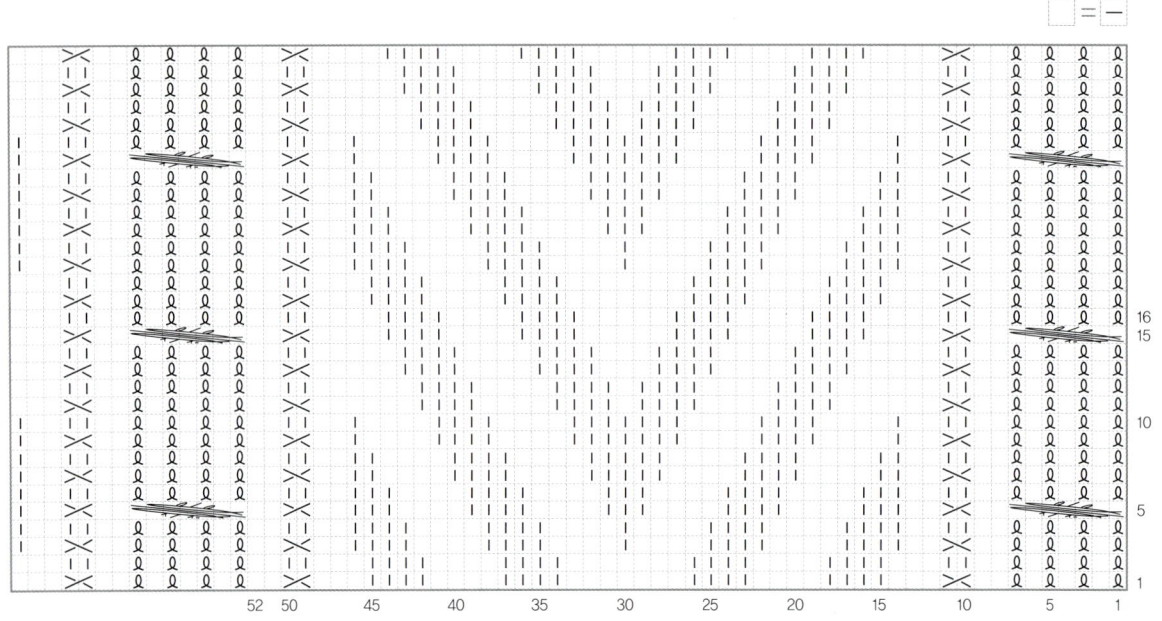

160 82코 28단 1무늬

☐ = ─

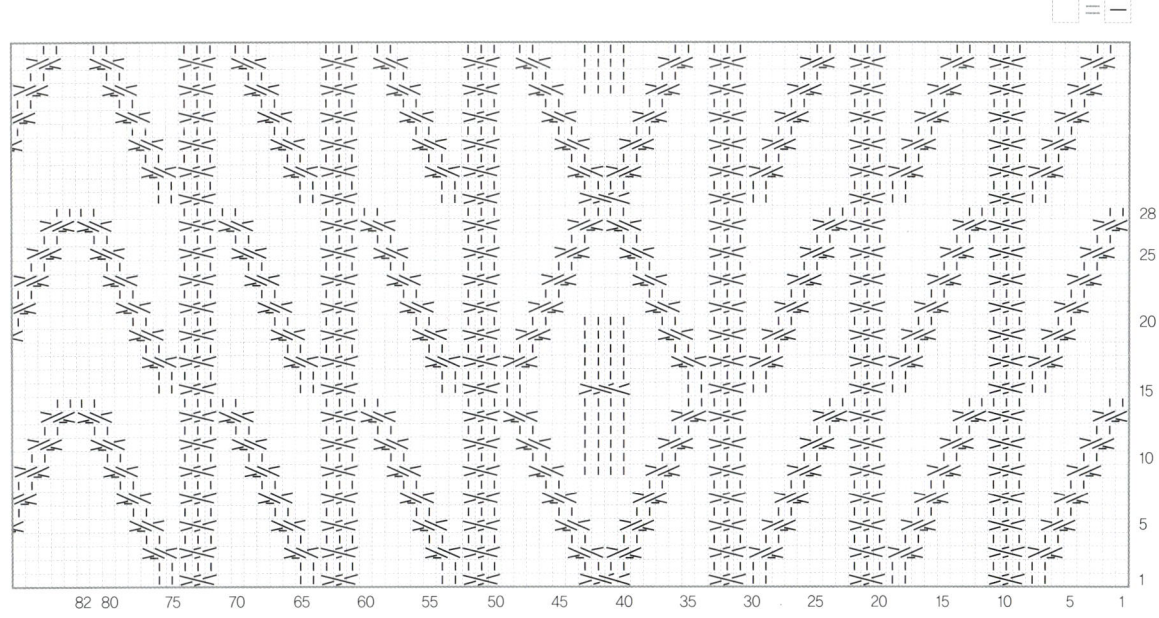

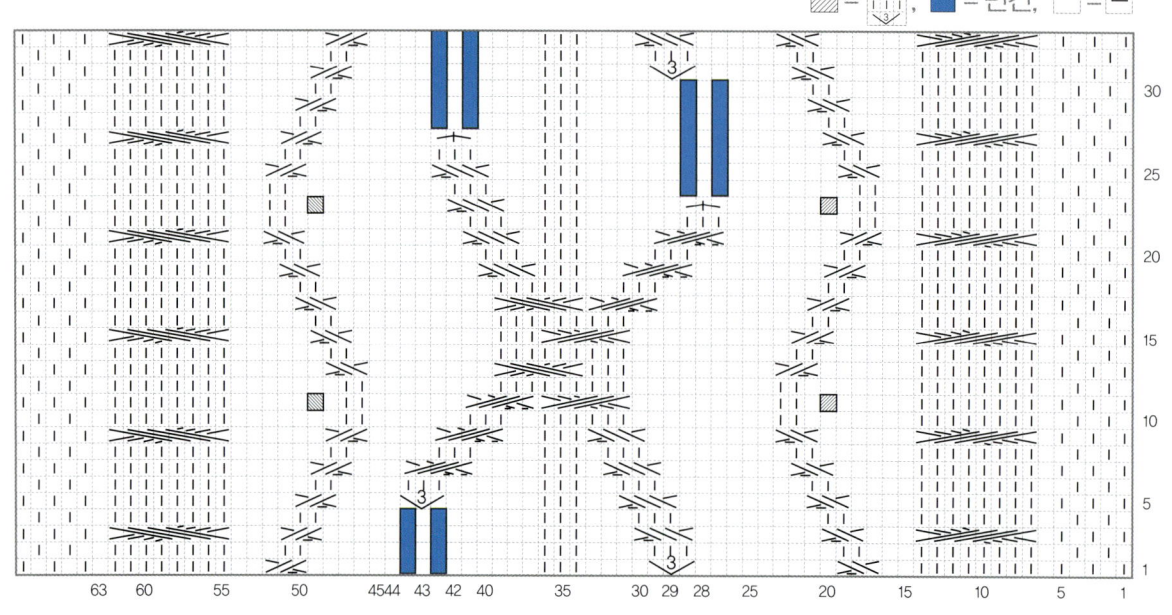

162 76코 36단 1무늬

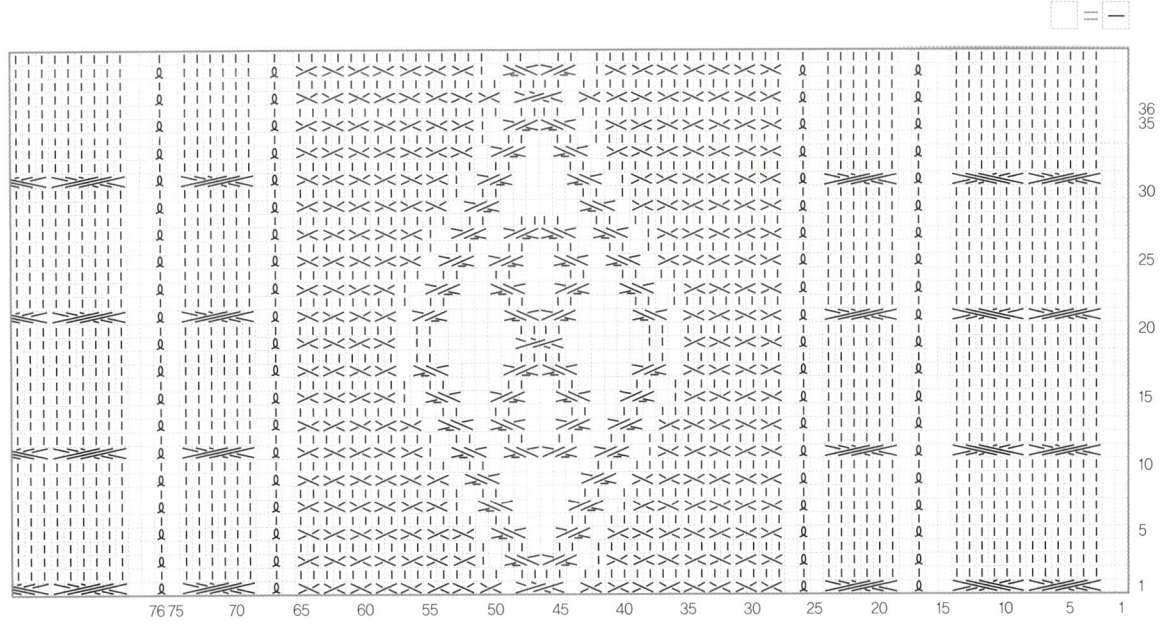

163 72코 44단 1무늬

$\square = \boxed{-}$

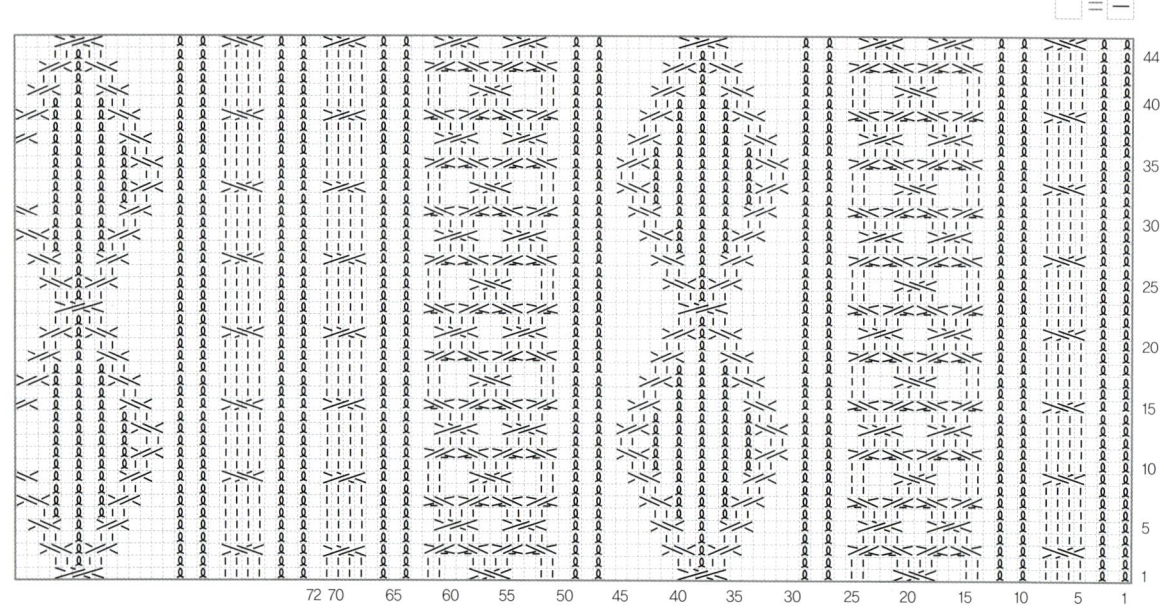

164 71코 44단 1무늬

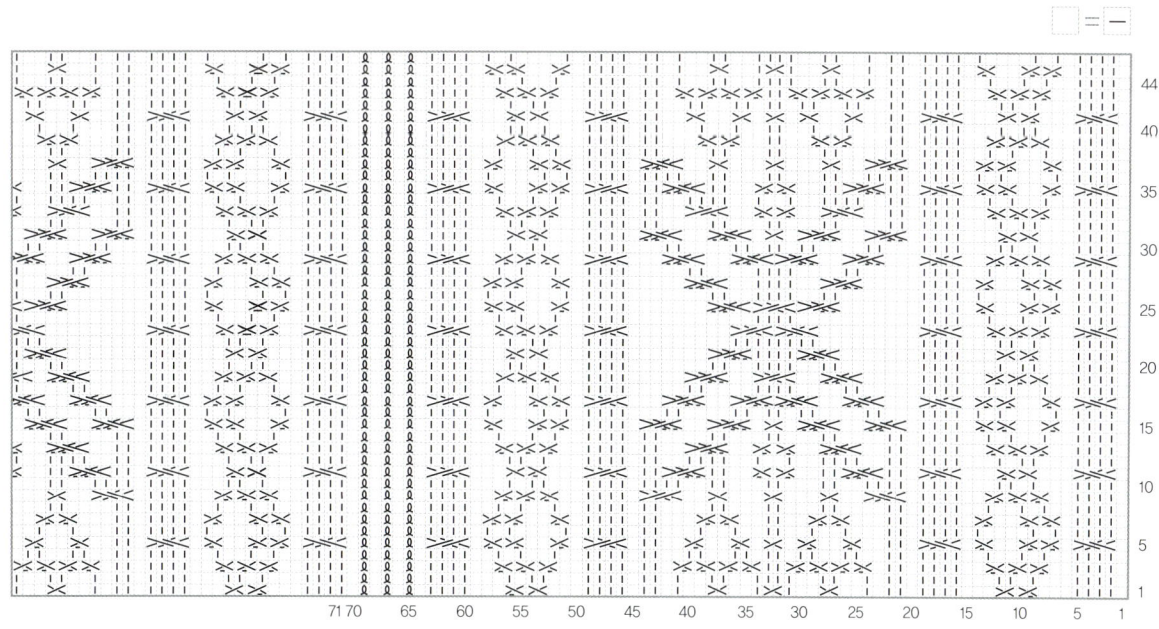

165 47코 36단 1무늬

□ = □

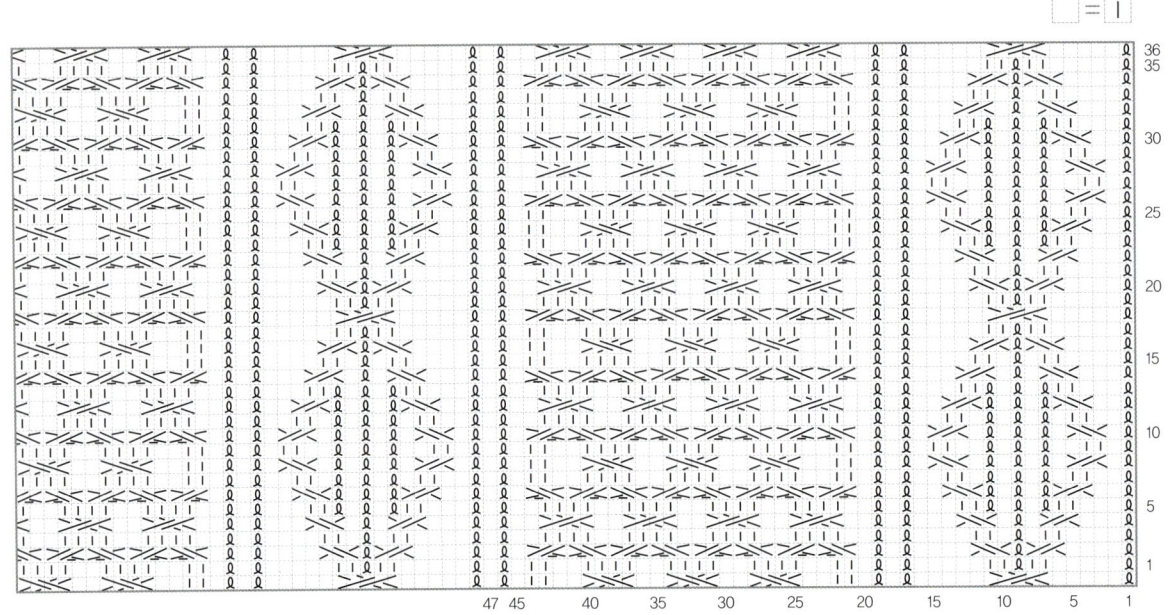

47 45　40　35　30　25　20　15　10　5　1

114

166 28코 28단 1무늬

167 32코 32단 1무늬

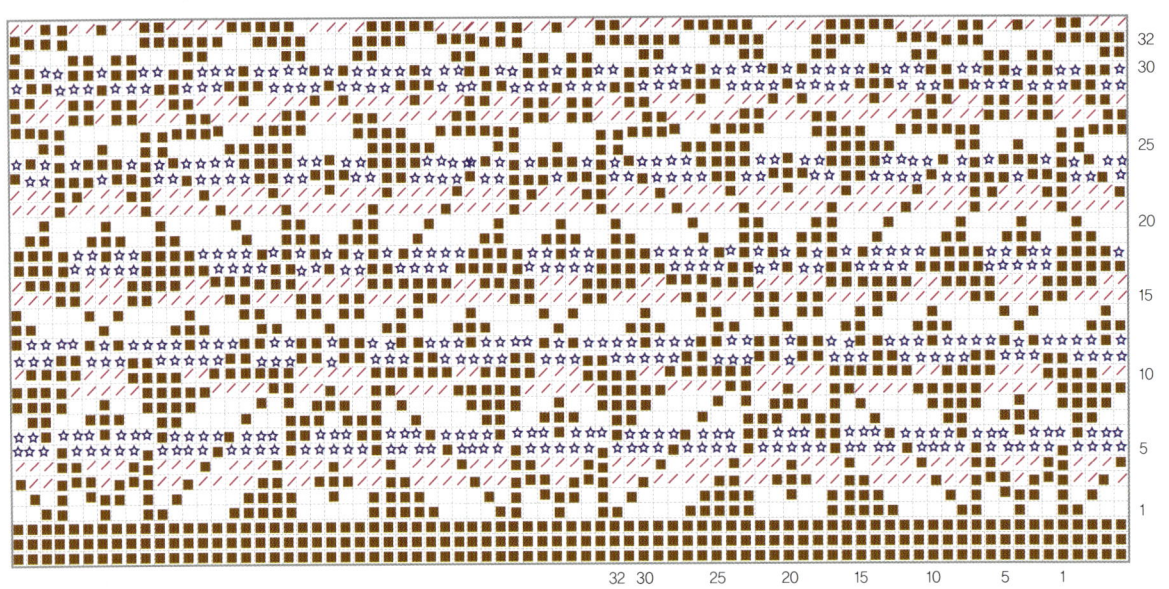

168 42코 38단 1무늬

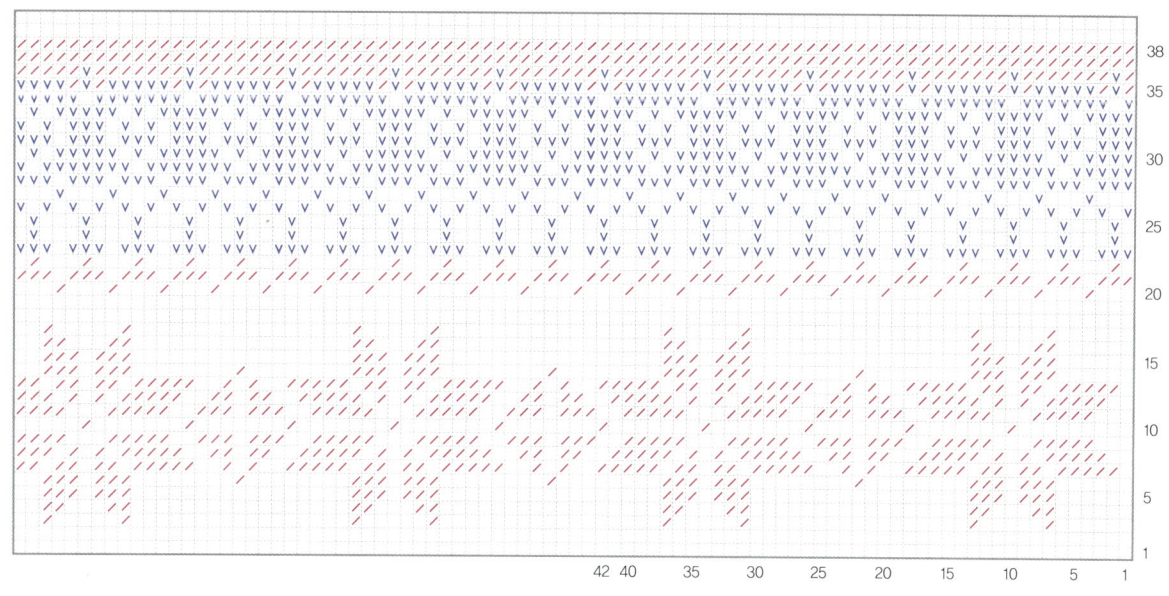

169 53코 32단 1무늬

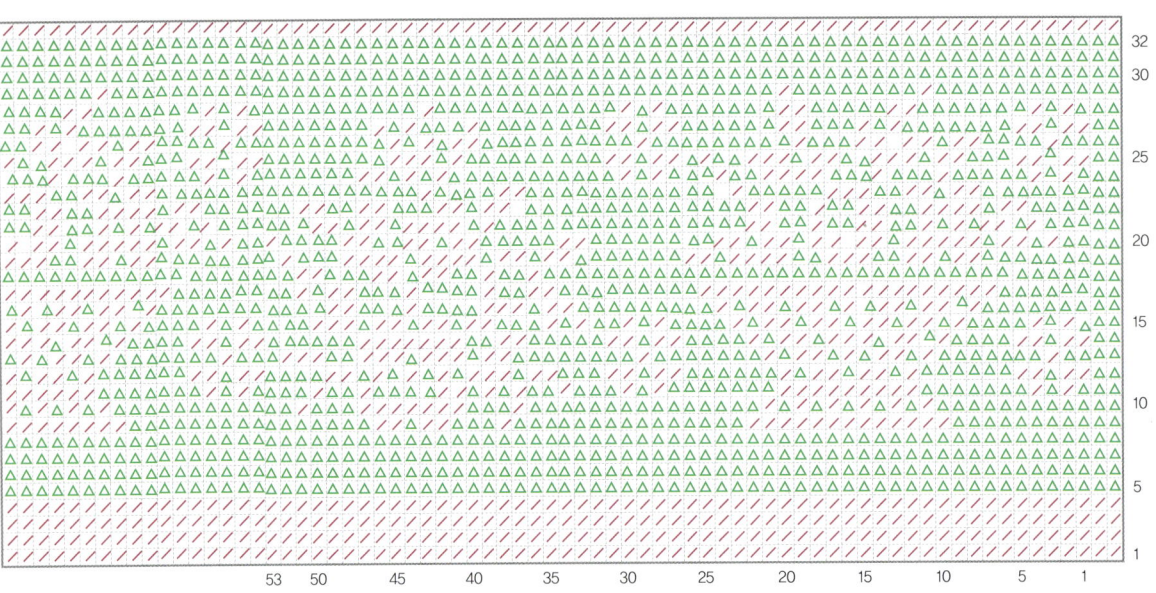

170 10코 30단 1무늬

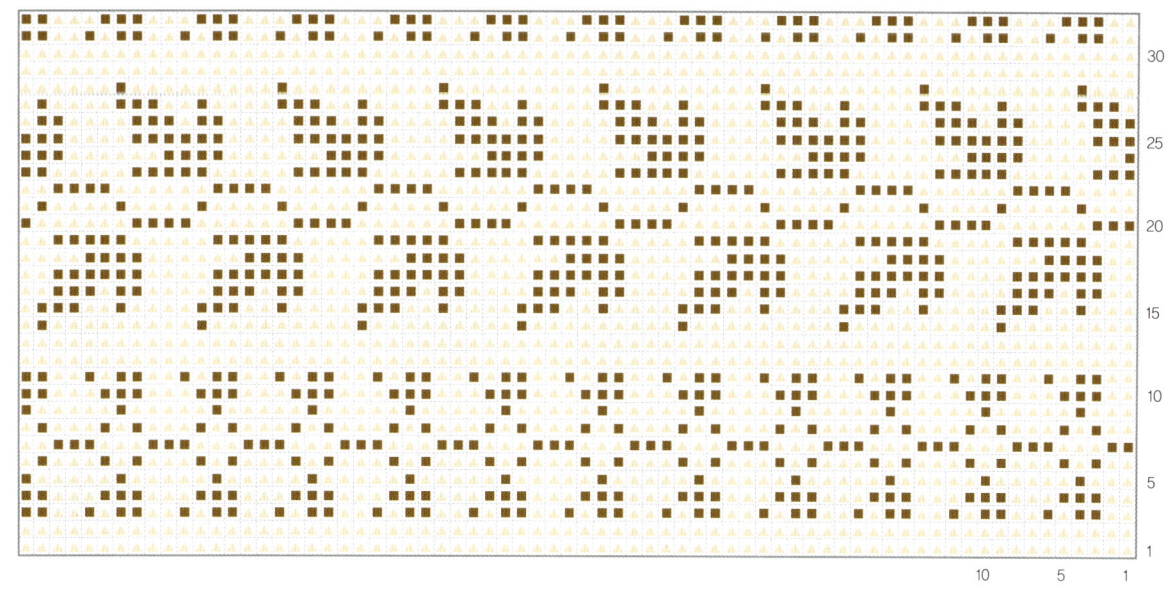

171 18코 22단 1무늬

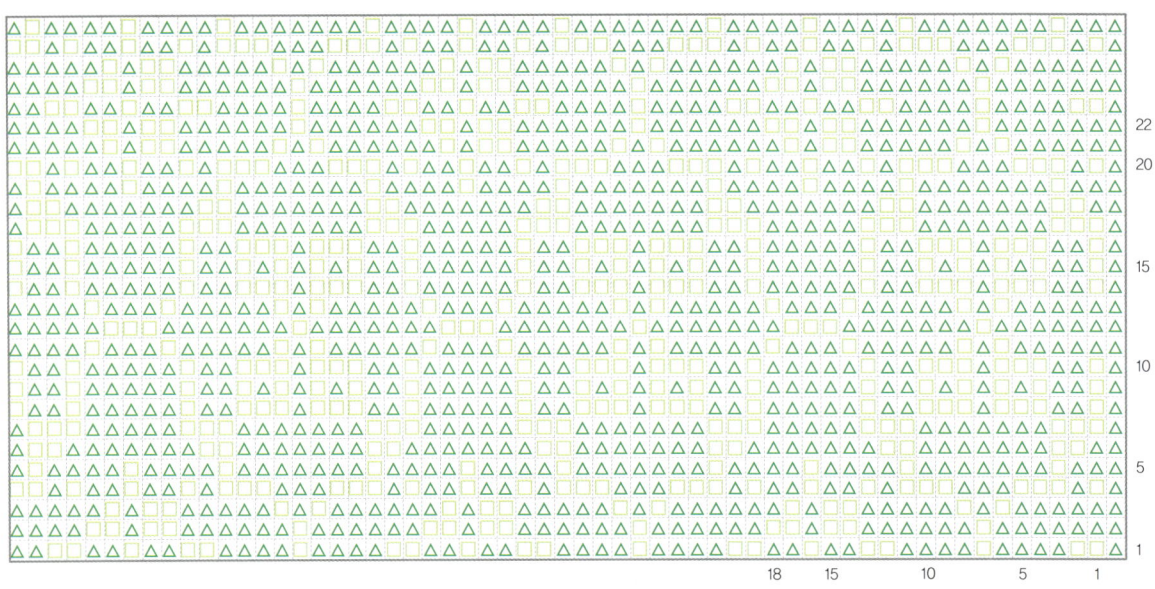

172 12코 12단 1무늬

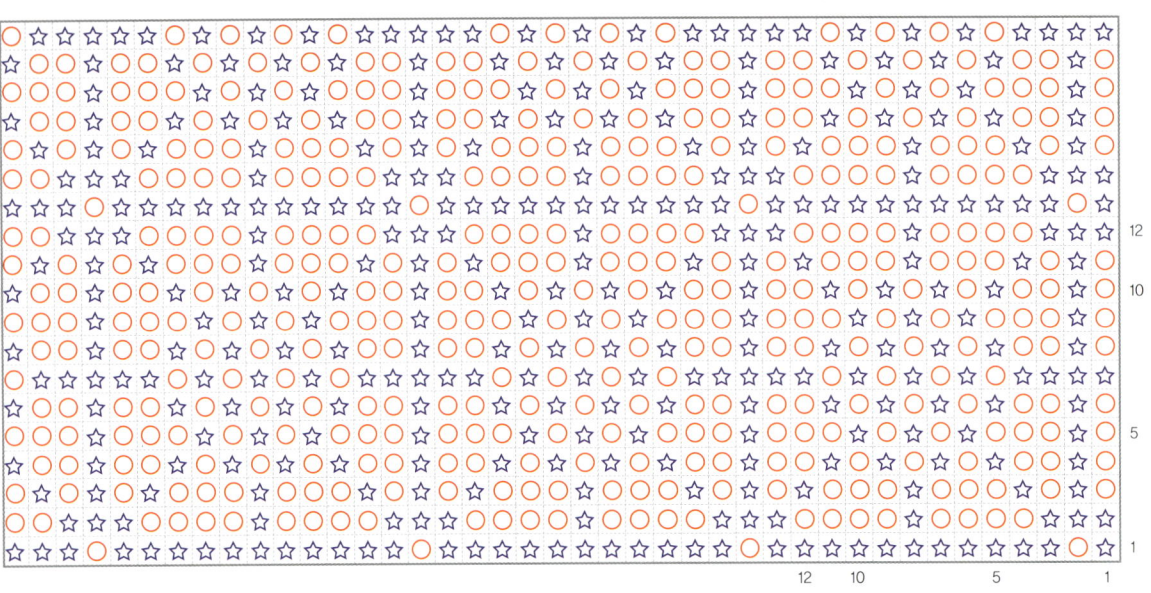

174 22코 22단 1무늬

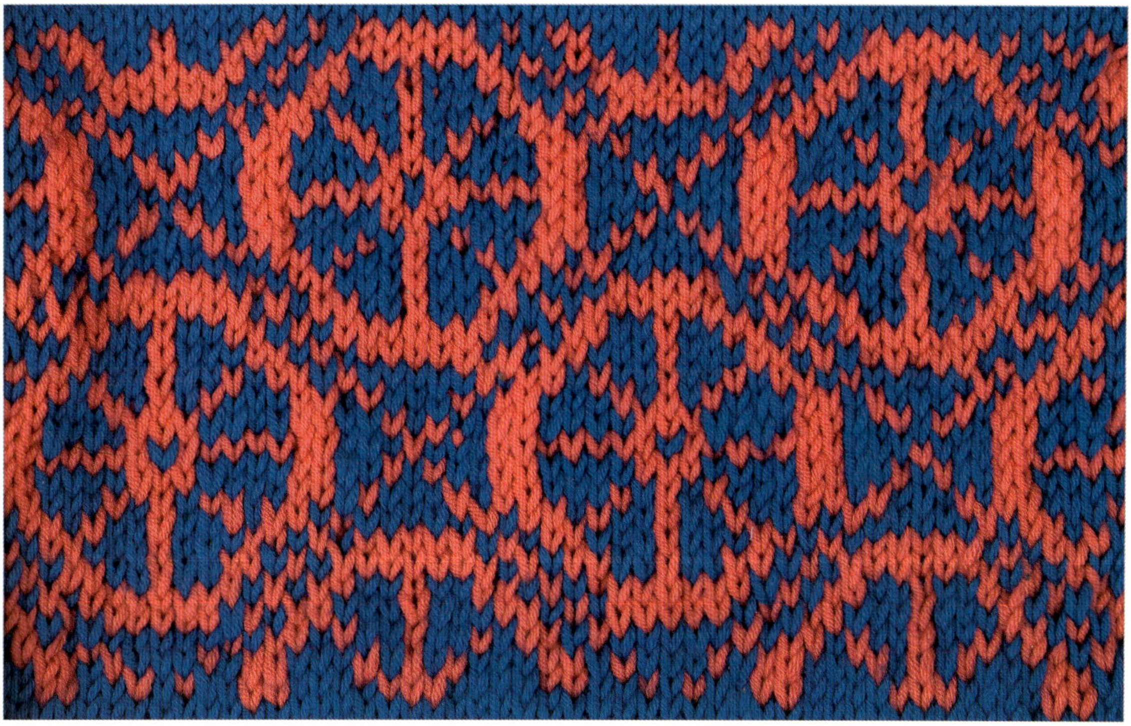

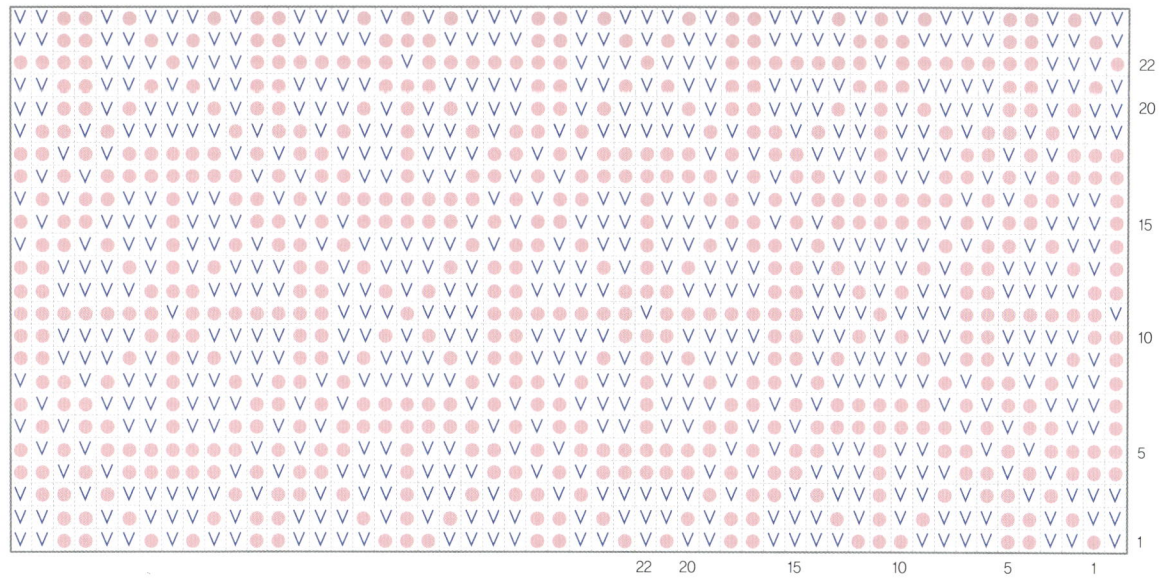

175 24코 28단 1무늬

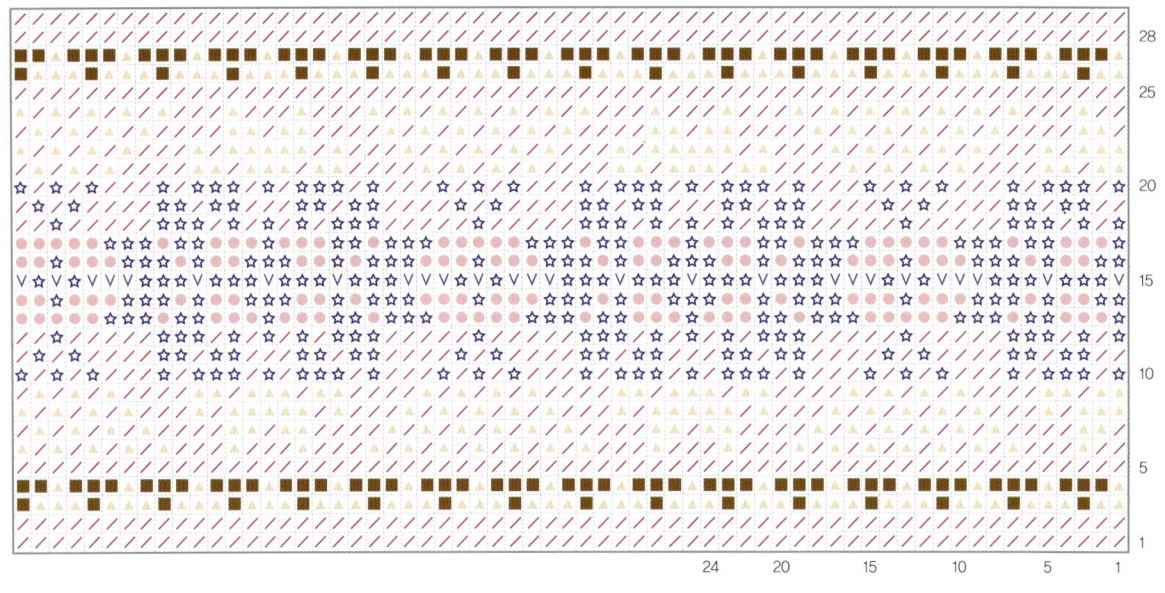

176 16코 30단 1무늬

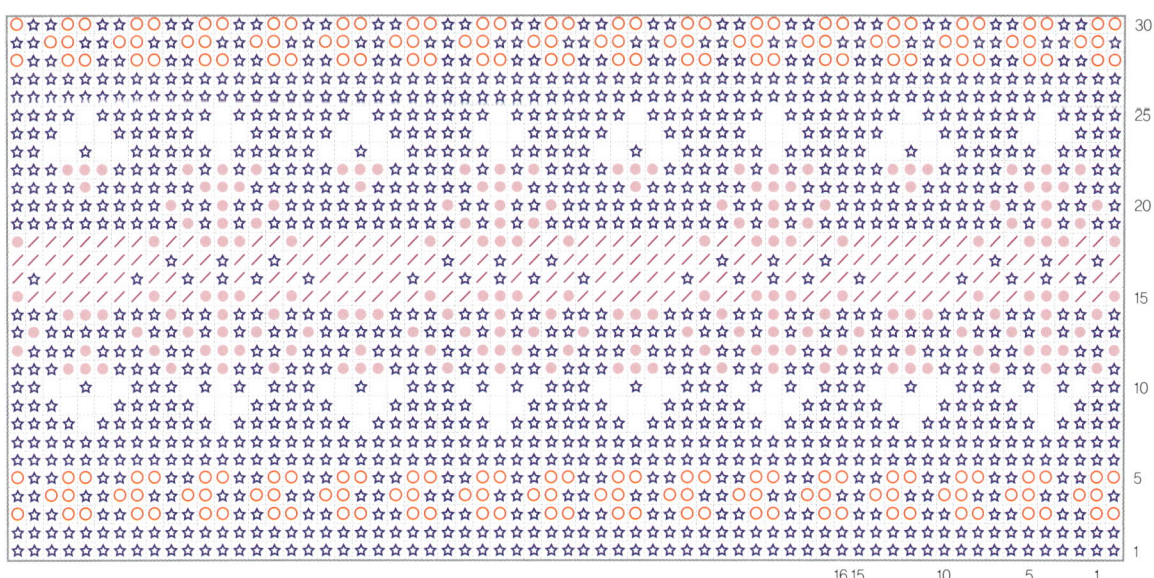

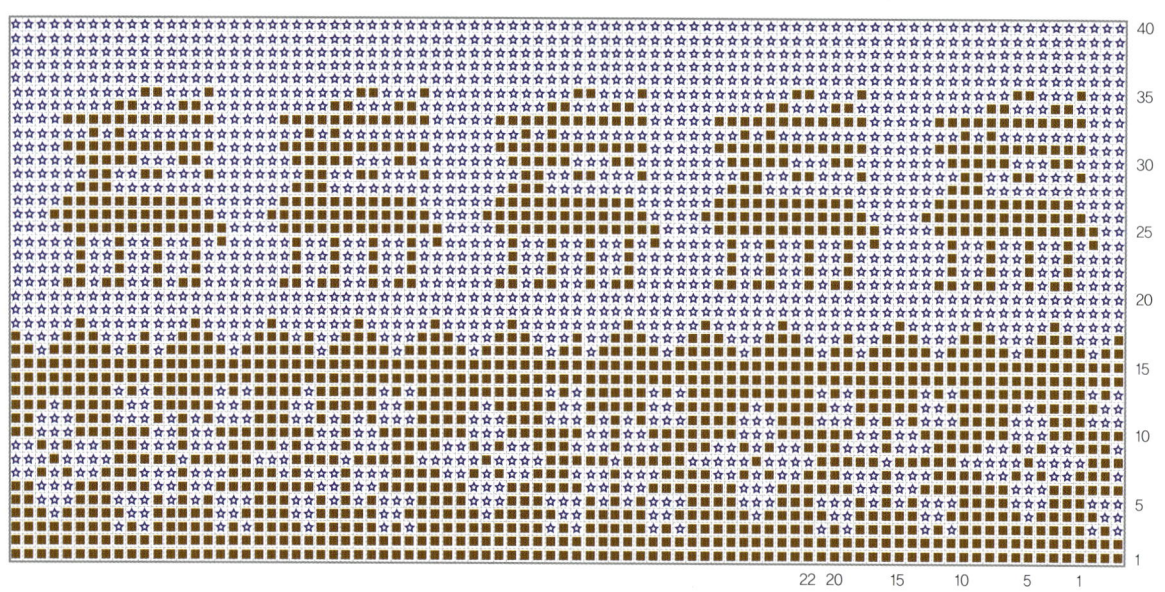

178 42코 44단 1무늬

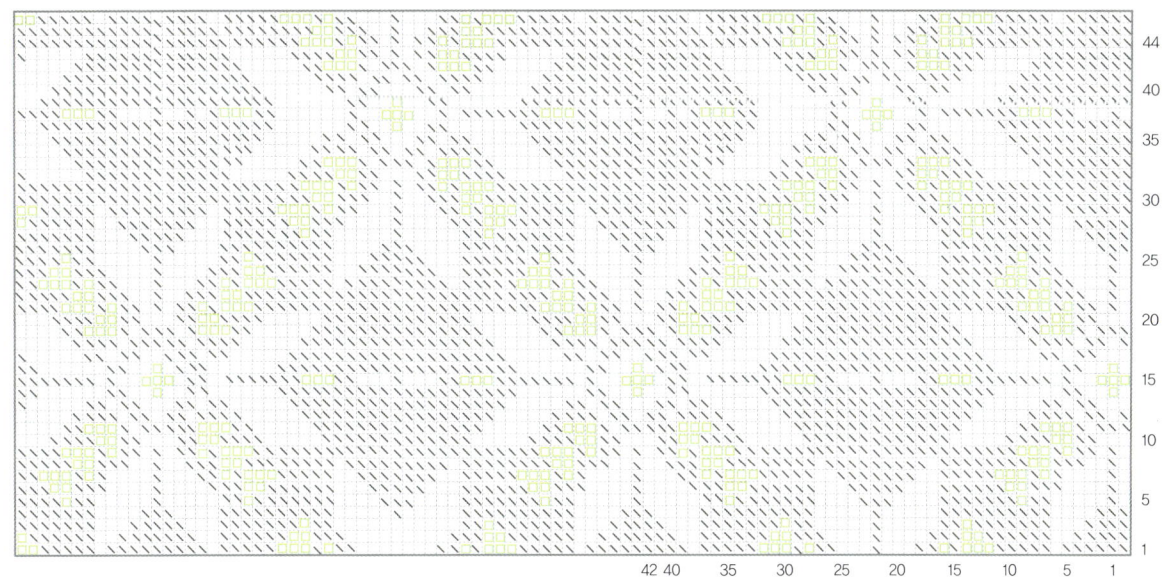

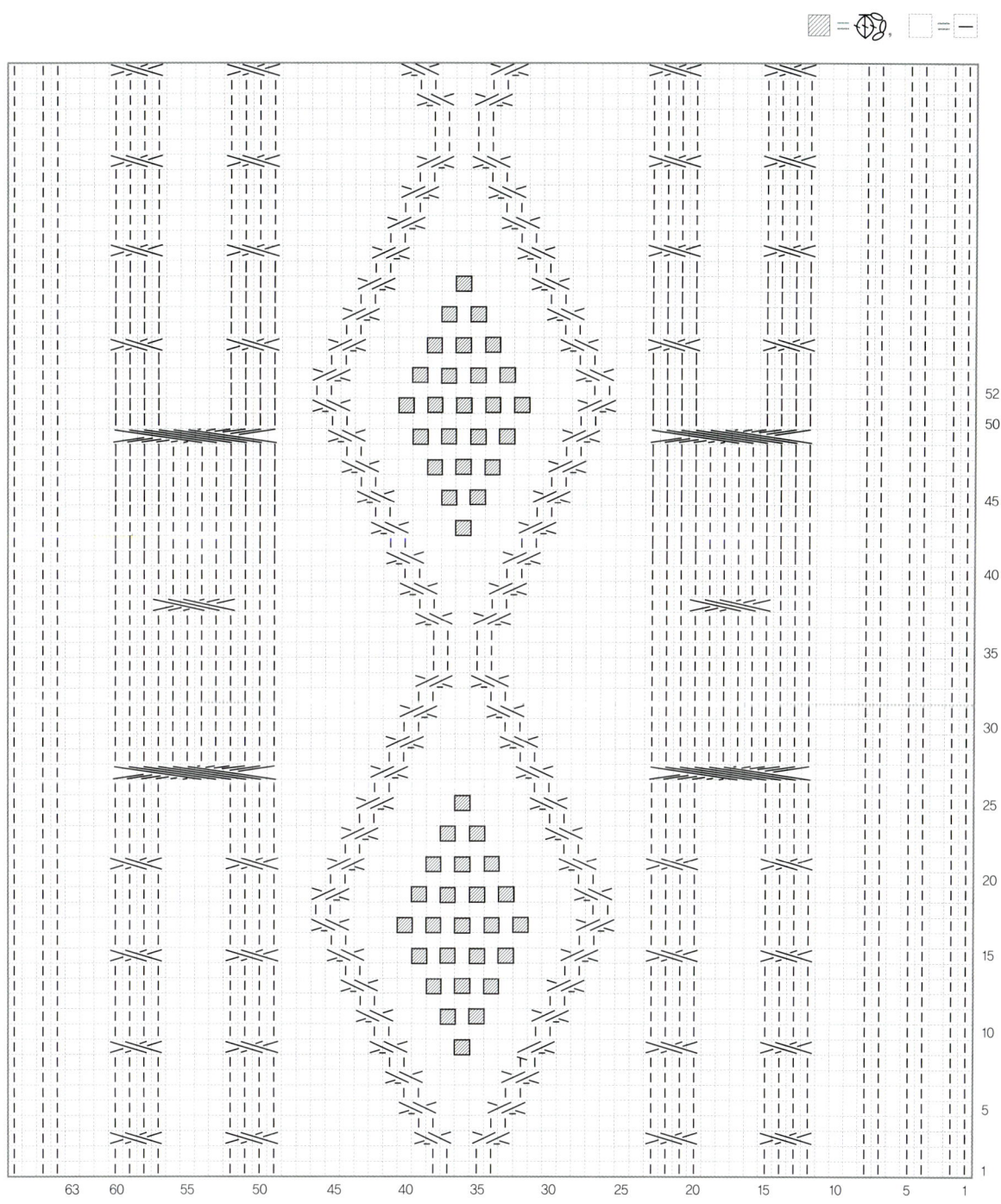

180 52코 80단 1무늬

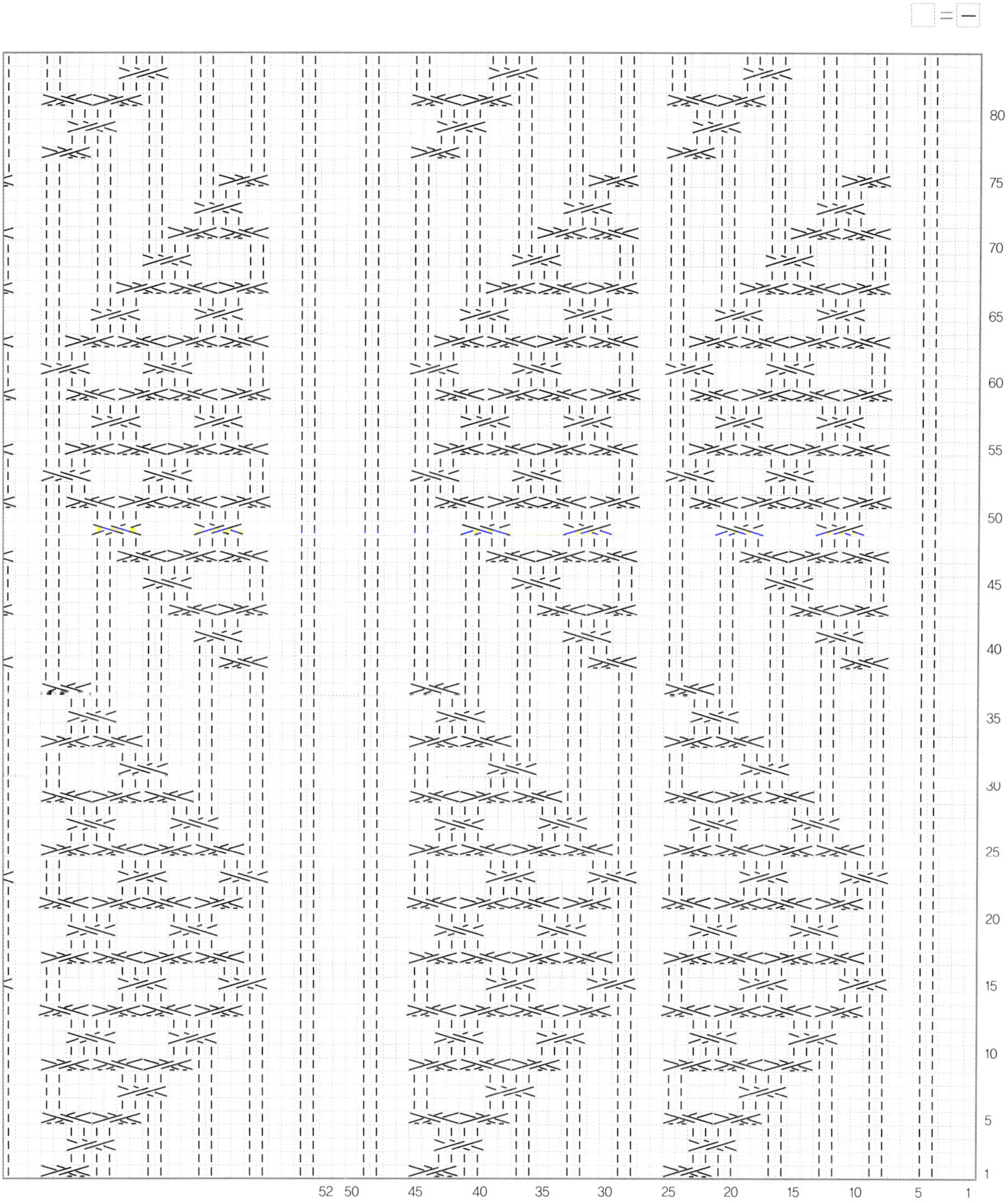

80

75

70

65

60

55

50

45

40

35

30

30

25

20

15

10

5

1

52 50   45   40   35   30   25   20   15   10   5   1

무늬뜨기 활용 소품

대바늘 손뜨개 무늬집

2013년 1월 10일 인쇄
2013년 1월 15일 발행

저   자 : 임현지
펴낸이 : 남상호

펴낸곳 : 도서출판 예신
www.yesin.co.kr

140-896 서울시 용산구 효창원로 64길 6
대표전화 : 704-4233, 팩스 : 335-1986
등록번호 : 제3-01365호(2002. 4. 18)

값 15,000원

ISBN : 978-89-5649-104-2